100 receitas de papinhas e comidinhas

100 receitas de papinhas e comidinhas

Alimentação saudável para bebês de 6 meses a 1 ano

Annabel Karmel

PUBLIFOLHA

Título original: *Top 100 Baby Purées*

Publicado originalmente na Grã-Bretanha em 2005 pela Ebury Press, um selo da Ebury Publishing, uma empresa do grupo Random House.

Coordenação do projeto: Publifolha
Editora assistente: Naira Gomes dos Santos
Coordenadora de produção gráfica: Mariana Metidieri

Produção editorial: Página Viva
Edição: Carlos Tranjan
Tradução: Laura Schichvarger
Preparação: Soraia Bini Cury
Revisão: Maria Prado
Consultoria: Tais Freire

Edição original: Ebury Press
Editora: Kate Parker
Design e direção de arte: Smith & Gilmour Ltd., Londres
Fotografia: Dave King
Produção culinária: Dagmar Vesely
Produção de objetos: Jo Harris

Dados Internacionais de Catalogação na Publicação (CIP)
(Câmara Brasileira do Livro, SP, Brasil)

Karmel, Annabel
100 receitas de papinhas e comidinhas : alimentação saudável para crianças de 6 meses a 1 ano / Annabel Karmel ; [tradução Laura Schichvarger]. – São Paulo : Publifolha, 2014.

Título original: Top 100 baby purées.
ISBN 978-85-7914-573-5

1. Bebês - Culinária 2. Crianças - Culinária 3. Culinária 4. Receitas I. Título.

14-12676 CDD-641.56222

Índices para catálogo sistemático:
1. Receitas : Culinária para bebês e crianças : Economia doméstica 641.56222

Este livro segue as regras do Acordo Ortográfico da Língua Portuguesa (1990), em vigor desde 1º de janeiro de 2009.

Impresso na China.

PUBLIFOLHA
Divisão de Publicações do Grupo Folha
Al. Barão de Limeira, 401, 6º andar
CEP 01202-900, São Paulo, SP
Tel.: (11) 3224-2186/2187/2197
www.publifolha.com.br

Sumário

Introdução

Como introduzir alimentos sólidos

Os bebês crescem mais rápido em seu primeiro ano de vida do que em qualquer outro momento; portanto, o modo como você alimenta seu recém-nascido é uma das decisões mais importantes para a vida dele.

Não tenha pressa de desmamar seu bebê e de introduzir alimentos sólidos. Nos primeiros 6 meses, mais ou menos, o leite materno, ou a fórmula infantil, fornece todos os nutrientes de que o bebê precisa e deve permanecer a fonte principal de alimento. De fato, a Organização Mundial da Saúde (OMS) recomenda a amamentação exclusiva durante esse período.

Aos cerca de 6 meses, no entanto, seu bebê chegará a um estágio em que precisará de alimentos sólidos. A reserva de ferro com a qual ele nasceu, por exemplo, terá sido utilizada, sendo por isso importante incluir na dieta alimentos ricos em ferro (veja p. 7).

Entretanto, não existe uma idade "correta" para a introdução de sólidos, pois isso difere em cada bebê. Por outro lado, os sólidos não devem ser introduzidos antes de seu filho completar 17 semanas. O sistema digestório dos bebês mais novos não é suficientemente desenvolvido antes desse período e há um risco maior de alergia.

Se você sentir que seu bebê precisa de sólidos antes de completar 6 meses, converse com o pediatra.

Alguns sinais de que seu bebê está pronto:

- ainda demonstra fome depois de uma mamada inteira
- pede para se alimentar com mais frequência
- passa a acordar com fome, sendo que antes dormia a noite inteira.

Necessidades nutricionais do bebê

Bebês e crianças pequenas têm necessidades nutricionais diferentes das de um adulto – uma dieta com baixo teor de gordura e alto teor de fibras é boa para um adulto, mas não para bebês ou crianças pequenas, pois eles precisam de mais gordura e fontes concentradas de calorias e nutrientes para sustentar seu rápido crescimento. Tendo isso em mente, é melhor não dar laticínios com gordura reduzida, como leite e iogurte desnatado, a crianças pequenas – prefira os integrais.

Bebês também não devem comer fibras demais, pois isso tende a criar volume e pode saciá-los antes de eles terem consumido todos os nutrientes de que necessitam para um crescimento e desenvolvimento adequados. Além disso, o excesso de fibras pode eliminar minerais importantes e causar outros problemas, como diarreia. Alimentos fibrosos, como frutas secas e leguminosas, devem ser oferecidos com moderação, assim como cereais e pão integrais. Da mesma forma, papinhas de frutas como maçã, pera e ameixa não devem ser dadas com muita frequência.

No entanto, os bebês devem comer uma grande variedade de frutas e legumes para garantir abundância de vitaminas e minerais na dieta. Após as primeiras semanas de desmame, certifique-se de oferecer, além da papinha de frutas e legumes, alimentos relativamente ricos em calorias, como abacate amassado, fruta misturada com iogurte grego ou vegetais com molho de queijo (veja pp. 30, 55 e 71).

O ferro é muito importante para o desenvolvimento físico e mental do bebê. Todo bebê nasce com uma reserva de ferro que dura cerca de 6 meses. Depois disso, é importante que ele receba pela dieta o ferro de que precisa.

Suplementos vitamínicos

Esses suplementos são provavelmente desnecessários para a maioria dos bebês, desde que eles comam alimentos frescos em quantidade suficiente ou tenham ingerido fórmula infantil até a idade de 1 ano. No entanto, são recomendados para os bebês dos 6 meses aos 2 anos que estão sendo amamentados (o leite materno talvez não tenha a quantidade necessária de vitamina D) ou que estão bebendo menos de 500 ml de fórmula infantil por dia. Peça orientações ao pediatra.

O ferro dos alimentos de origem animal, como a carne vermelha ou o frango, é muito mais bem absorvido do que o presente em alimentos de origem vegetal, como vegetais verdes e cereais. A vitamina C ajuda a aumentar a absorção de ferro, portanto ofereça frutas ricas nessa substância ao seu bebê, como frutas vermelhas ou cítricas (mas não antes dos 6 meses – veja a p. 8), ou vegetais como brócolis ou pimentão.

As vantagens da comida caseira para bebês

Na maior parte dos alimentos comerciais para bebês, os ingredientes são aquecidos a uma temperatura muito elevada e depois resfriados, a fim de que sejam esterilizados. Isso proporciona uma vida útil muito longa aos alimentos (geralmente dois anos), mas destrói grande parte de seus nutrientes e de seu sabor no processo. Não há nada melhor para o seu bebê do que a comida caseira, que também é mais barata do que a versão comercializada. Ao preparar a comida, você saberá exatamente quais são os ingredientes, poderá introduzir uma grande variedade de alimentos e seu bebê vai se acostumar a comer como o resto da família, o que facilitará a transição para as refeições familiares. Para poupar tempo e trabalho, prepare uma quantidade maior que a necessária e congele pequenas porções em fôrmas de gelo ou em potes pequenos.

A importância do leite na dieta do bebê

Como foi exposto antes, o leite materno ou a fórmula infantil devem fornecer todos os nutrientes de que o bebê precisa nos primeiros 6 meses. Idealmente, você deve amamentar seu bebê até ele completar 2 anos. De fato, é melhor não dar nada além do leite materno durante os primeiros 6 meses. E, mesmo depois que o bebê passar a ingerir outros alimentos, ainda é muito importante certificar-se de que ele toma leite suficiente. Entre 6 meses e 1 ano, os bebês devem consumir, no mínimo, 500-600 ml de leite materno ou fórmula por dia.

O leite materno é sempre preferível à fórmula, pois, além de atender a todas as necessidades nutricionais do bebê, contém anticorpos que ajudam a combater doenças e infecções. Além disso, está comprovado que amamentar por pelo menos 6 meses retarda o aparecimento de alergias e reduz sua gravidade em crianças provenientes de famílias com histórico de asma, rinite, eczema e alergias alimentares.

Você deve continuar a dar o leite do peito ou a fórmula para o bebê como bebida principal durante todo o seu primeiro ano, pois o leite de vaca não contém ferro ou outros nutrientes suficientes para o crescimento adequado. No entanto, a partir dos 6 meses, o leite de vaca integral pode ser usado na comida em pequenas quantidades – por exemplo, na receita de um molho.

Os melhores alimentos para começar

Os primeiros alimentos devem ser muito fáceis de digerir e com pouca probabilidade de provocar reações alérgicas. As raízes, como **CENOURA**, **BATATA-DOCE**, **MANDIOQUINHA** e **INHAME**, tendem a ser mais aprovadas entre os bebês bem novos, devido ao sabor naturalmente adocicado e à textura suave ao ser transformadas em papinha. **MAÇÃ** e **PERA** rendem boas primeiras papinhas de fruta. **BANANA** e **MAMÃO** não precisam ser cozidos, desde que estejam maduros, podendo ser amassados ou transformados em papinha sozinhos ou misturados com um pouco de leite materno ou fórmula. É importante escolher frutas maduras e saborosas, portanto, prove-as antes de oferecê-las ao bebê.

Outro bom alimento inicial é a **FARINHA DE ARROZ**. Misturada com água, leite materno ou fórmula, é facilmente digerida e tem sabor leitoso que facilita a transição para os sólidos. Escolha uma sem açúcar, enriquecida com vitaminas e ferro. A farinha de arroz também combina bem com papinhas de fruta e legumes.

Alimentos a evitar

FRUTAS VERMELHAS e **CÍTRICAS** e o suco delas – como suco de laranja e limão – podem desencadear uma reação, mas raramente causam alergias de fato, podendo ser oferecidas a partir dos 6 meses.

PEIXES e **FRUTOS DO MAR** não devem ser oferecidos antes dos 6 meses, devido ao risco de intoxicação alimentar e alergias.

MEL não deve ser dado antes de 1 ano. É raro, mas o mel pode conter um tipo de bactéria que provoca uma doença potencialmente grave, o botulismo infantil. Após o bebê ter completado

1 ano de idade, o intestino amadurece e as bactérias não conseguem mais crescer; nessa fase é considerado seguro oferecer o alimento.

CASTANHAS e **SEMENTES**, incluindo amendoim, manteiga de amendoim e outros derivados, devem ser rigorosamente evitados se houver risco de reação alérgica, tais como histórico familiar. Manteiga de avelã e pastas afins podem ser oferecidas a partir dos 6 meses, desde que não haja histórico de alergia na família. Castanhas inteiras de qualquer tipo não são recomendadas antes dos 5 anos, devido ao risco de asfixia.

OVO CRU ou **POUCO COZIDO** deve ser evitado devido ao risco de infecção por salmonela. Ovos não devem ser oferecidos antes dos 6 meses e devem ser cozidos até a gema e a clara ficarem sólidas.

SAL não se deve ser adicionado à alimentação de bebês com menos de 1 ano, pois isso pode sobrecarregar os rins imaturos e causar desidratação. A preferência por sal se estabelece bem cedo, e consumi-lo em demasia pode levar à hipertensão arterial na vida adulta. Bebês com até 6 meses de idade devem consumir menos de 1 g de sal por dia, e a partir de 7 meses, no máximo 1 g por dia. Evite oferecer alimentos processados que não foram feitos especificamente para bebês, tais como molho de tomate e a maioria dos cereais de café da manhã, pois eles podem ser ricos em sal. Da mesma forma, alimentos defumados devem ser evitados devido ao teor elevado de sódio.

AÇÚCAR: a menos que o alimento seja realmente muito azedo, não coloque açúcar. Adicionar açúcar cria um vício e aumenta o risco de cáries quando os primeiros dentes do bebê surgirem.

QUEIJOS NÃO PASTEURIZADOS, como brie, camembert ou danish blue, não devem ser oferecidos antes que o bebê tenha 1 ano devido ao risco de infecção por listeria.

ALIMENTOS À BASE DE TRIGO e outros alimentos que contêm **GLÚTEN** – como trigo, cevada e centeio – não devem ser introduzidos antes dos 6 meses. Ao comprar cereais infantis e biscoitos antes dos 6 meses, verifique se eles não contêm glúten. A farinha de arroz é o tipo de cereal mais seguro para oferecer primeiro.

Como preparar alimentos para bebês

ASSAR: ao cozinhar algo no forno para toda a família, você pode aproveitar a oportunidade e assar uma batata, batata-doce ou abóbora para o bebê. Lave e fure o ingrediente escolhido com um garfo e asse em forno preaquecido a 190°C por cerca de 1 hora, ou até ficar macio. Corte ao meio, retire a polpa e amasse com um pouco de leite e 1 colher (chá) de manteiga.

FERVER: use uma quantidade mínima de água – o bastante para cobrir o que está na panela – e cuide para não cozinhar demais os legumes, ou eles perderão os nutrientes. Junte um pouco do líquido de cozimento aos vegetais amassados para fazer papinhas homogêneas.

MICRO-ONDAS: pique os legumes ou frutas e coloque-os em um prato adequado. Adicione um pouco de água, cubra deixando uma abertura

DICA:

para o ar circular e cozinhe na potência máxima, até ficarem macios. Bata até obter a consistência desejada, mas mexa bem e verifique se não está muito quente para servir ao bebê.

COZINHAR NO VAPOR é a melhor maneira de preservar o sabor e as vitaminas dos legumes e frutas. As vitaminas B e C são solúveis na água e, portanto, são facilmente destruídas quando os alimentos cozinham demais, especialmente se forem fervidos. Os brócolis, por exemplo, perdem mais de 60% dos antioxidantes quando fervidos, mas menos de 7% se cozidos no vapor. Vale a pena investir em uma panela a vapor com vários andares, o que lhe permitirá cozinhar três ingredientes de uma só vez. Ao amassá-los, você pode adicionar um pouco da água fervida do fundo da panela se a papinha não estiver lisa o bastante.

ESCALDAR: ponha frutas picadas, como maçã ou pera descascadas, em uma panela de fundo grosso e, se necessário, adicione um pouco de água ou suco de frutas. Tampe e cozinhe em fogo baixo até ficarem macias, depois bata no liquidificador. Coloque um pouquinho na tigela do seu bebê e sirva morno.

Transformar em papinha

Nas primeiras semanas de desmame, deve-se oferecer ao bebê uma comida de textura uniforme, que não seja nem espessa demais nem grumosa.

PROCESSADOR DE ALIMENTOS: bom para preparar quantidades maiores de papinha. Muitos processadores vêm com uma vasilha pequena como acessório, que serve para preparar quantidades menores. A desvantagem é ser mais difícil de lavar do que um mixer.

MIXER: ideal para fazer papinhas de bebê, especialmente em quantidades muito pequenas.

PASSADOR DE VERDURAS: amassador de alimentos que funciona à mão, sendo ideal para amassar ingredientes como batata ou batata-doce, e também ótimo para fazer purês de alimentos com casca dura, como ervilha ou damasco seco, pois dá para descartar os pedacinhos mais duros.

Como congelar os alimentos

- Forminhas de gelo plásticas e flexíveis são ideais para congelar papinhas. Depois de congelados, armazene os cubinhos em sacos de congelar e rotule com o conteúdo e o prazo de validade.
- Usando forminhas, você pode descongelar dois sabores diferentes e misturá-los, como maçã e pera ou batata-doce e mandioquinha.
- Nunca recongele o que já foi congelado. A exceção é o alimento que foi congelado cru, que pode ser devolvido ao freezer depois de cozido. Por exemplo, ervilhas congeladas podem ser novamente congeladas depois de cozidas.
- Papinhas congeladas duram até seis semanas.
- Ao cozinhar grande quantidade, esfrie a comida o mais rapidamente possível e congele-a em seguida. Não a deixe na geladeira por vários dias antes do congelamento.

Como reaquecer os alimentos

• É seguro descongelar papinhas no micro--ondas ou na panela, desde que elas sejam totalmente aquecidas até ficarem bem quentes. Deixe-as esfriar e mexa bem antes de oferecer ao seu bebê.

• Não reaqueça alimentos mais de uma vez e não guarde alimentos comidos pela metade, pois eles já conterão bactérias da saliva transportadas pela colher.

• A comida do bebê deve ser oferecida morna, e não muito quente, pois a boca dele é mais sensível ao calor do que a de um adulto.

• Se aquecer no micro-ondas, coloque por bastante tempo, para a papinha ficar bem quente e depois deixe esfriar. Esse processo destrói as bactérias que possam estar presentes no alimento.

• Ao aquecer alimentos no micro-ondas, mexa bem para evitar áreas mais quentes que outras. Verifique a temperatura antes de oferecer ao bebê.

As alergias alimentares

A maior incidência de alergias alimentares ocorre nos primeiros anos de vida. No entanto, você não deve se preocupar demais com isso se não houver histórico familiar de alergia ou doença atópica, como rinite, asma ou eczema. A incidência de alergia alimentar na maioria dos bebês é de fato muito pequena – cerca de 6%.

Estudo publicado na *Lancet* alguns anos atrás revelou que, embora 20% dos adultos no Reino Unido acreditem ter algum tipo de alergia alimentar, testes de IgE (que mostram se a reação alérgica envolve o sistema imunológico e, portanto, se é uma alergia “real”) revelaram que, na verdade, apenas 3% das pessoas testadas sofriam de alguma alergia alimentar.*

Os alimentos mais comuns que podem causar reação alérgica em bebês são:

• leite de vaca e laticínios
• castanhas e sementes
• ovos
• produtos à base de trigo
• peixes e frutos do mar
• frutas vermelhas e cítricas (raramente causam alergia de fato)

* No Brasil, segundo a Associação Brasileira de Alergia e Imunologia (ASBAI), estima-se que 6-8% das crianças com menos de 3 anos de idade e 2-3% dos adultos são acometidos por reações alimentares de causas alérgicas verdadeiras.

Se um dos pais, ambos ou um irmão têm histórico de alergia alimentar ou doença atópica, o bebê terá um risco maior de sofrer do problema. Assim, os alimentos devem ser introduzidos individualmente e sob observação cuidadosa. É preciso tomar as seguintes precauções:

- Se possível, amamente exclusivamente durante os primeiros 6 meses. Se isso não for possível, discuta com seu médico a possibilidade de utilizar uma fórmula infantil hipoalergênica.
- Ao desmamar, evite os alimentos de alto risco listados na página ao lado até o bebê ter pelo menos 6 meses. Comece com os que não devem provocar reação alérgica, como farinha de arroz, raízes, maçã ou pera.
- Novos grupos alimentares devem ser introduzidos a cada 2-3 dias. Dessa maneira, se houver uma reação, você vai saber o que a causou.
- Se houver histórico de alergia a determinado alimento, evite-o até o seu filho ter pelo menos 6 meses.
- Se você suspeitar que seu filho é alérgico a trigo ou leite de vaca, não exclua alimentos essenciais como estes da dieta dele sem antes consultar um médico.

Embora muitas crianças as superem por volta dos 3 anos, algumas alergias – principalmente a sensibilidade a ovos, leite, peixe, marisco ou nozes – podem durar a vida inteira.

O que é a reação alérgica?

A reação alérgica geralmente ocorre quando o sistema imunológico identifica erroneamente uma substância inofensiva como ameaça e desencadeia a produção de grande quantidade de anticorpos no sangue, o que pode causar ou piorar vários problemas, tais como eczema, urticária (manchas na pele que coçam, saltadas, vermelhas ou brancas), rinite, asma, diarreia e até mesmo problemas de crescimento. Se o seu filho for alérgico a um alimento básico, como o trigo ou o leite de vaca, peça conselhos a especialistas para manter o equilíbrio das refeições.

Intolerância alimentar

A intolerância alimentar, por vezes referida como "falsa" alergia alimentar, é um estado em que o corpo é incapaz de digerir adequadamente certos tipos de alimento. Geralmente dura pouco tempo, não sendo uma alergia alimentar de fato, que envolve o sistema imunológico. No entanto, ela pode provocar os mesmos sintomas; portanto, se você suspeita que seu filho é alérgico a um alimento comum, como o leite de vaca, consulte o pediatra antes de mudar a fórmula infantil. É bem possível que a reação adversa do seu bebê seja apenas temporária.

Como diagnosticar

Uma alergia alimentar pode desencadear diversos sintomas, como vômitos, coceira e inchaço na boca, na garganta e na pele, diarreia persistente, dor abdominal, eczema, erupções cutâneas e respiração ofegante com chiado. Com tantos sintomas que podem ter outras causas, muitas vezes é difícil ter certeza de que a comida é a culpada, ou então descobrir qual alimento causa o problema. As reações podem ocorrer imediatamente após a ingestão de um alimento específico ou demorar horas e até mesmo dias para se manifestar. Se você teme que seu filho seja alérgico, procure um médico especialista.

Hoje, quando os alimentos sólidos tendem a ser introduzidos a partir dos 6 meses – antigamente a introdução ocorria mais cedo –, não se observam tantas reações alérgicas a alimentos em crianças pequenas. No entanto, bebês com menos de 18 meses ainda são mais propensos a desenvolver alergias.

Muitas pessoas culpam os aditivos alimentares, mas as reações a eles são cerca de cem vezes menos comuns do que as reações aos alimentos naturais, como o leite ou o trigo.

O único modo preciso de diagnosticar uma alergia alimentar é eliminar os alérgenos suspeitos ou mais comuns, aguardar os sintomas cessarem e, após até seis semanas, reintroduzi-los um a um, para ver se os sintomas reaparecem. Essa dieta "eliminatória" só deve ser feita sob supervisão médica e com a ajuda de um nutricionista. Outros métodos, como o teste com eletrodos e a quiropraxia, não são um meio preciso para diagnosticar alergias alimentares.

A alergia à proteína do leite de vaca

Essa é a alergia alimentar mais comum e afeta cerca de 3% das crianças. A reação alérgica à fórmula infantil ou a qualquer laticínio pode ocorrer em poucos minutos ou até depois de alguns dias. Entre os sintomas estão cólica, diarreia, vômito, erupção cutânea e dificuldade para respirar.

Se o bebê tem sensibilidade à fórmula infantil à base de leite de vaca, consulte o médico, que deve prescrever uma fórmula hipoalergênica especial. Ela tem sabor bastante característico, podendo ser um pouco amarga, ao passo que o leite materno tem gosto adocicado. Se você ainda estiver amamentando, talvez ache que seu bebê não gosta muito desse leite, mas persevere – depois de ter parado de mamar no peito, a criança deverá se acostumar com o sabor.

O leite materno é o melhor alimento para os bebês, mas, em algumas situações, as mães que amamentam podem precisar eliminar os laticínios de sua própria dieta, pois eles chegam ao bebê por meio do leite materno. Porém, só faça isso mediante recomendação médica.

Todos os laticínios – como queijo, iogurte, manteiga – ou produtos que levam leite – como sorvete e chocolate – devem ser eliminados da dieta se o seu filho tiver alergia à proteína do leite de vaca. Em alguns casos menos graves, em que a alergia provoca eczema, por exemplo, a criança tolera somente uma pequena quantidade de laticínios.

A fórmula infantil à base de soja só deve ser dada ao bebê se o pediatra aconselhar. Em quase todos os casos, o leite materno ou outro tipo de fórmula será a melhor escolha. Fórmulas infantis à base de soja não são recomendadas pelo Ministério da Saúde para bebês com menos de 12 meses devido ao alto nível de fitoestrógenos, o que poderia representar um risco para a saúde reprodutiva das crianças em longo prazo. É melhor evitar o leite de soja infantil como bebida principal durante os primeiros anos de vida do bebê. Além disso, saiba que as crianças menores de 2 anos não devem consumir leite de soja comum como bebida principal – elas precisam de uma fórmula especial infantil, que forneça mais nutrientes.

As receitas deste livro ainda podem ser usadas se o seu bebê tiver alergia ao leite de vaca. O leite de soja adoçado e a margarina de soja são bons substitutos para o leite de vaca comum e a manteiga. Também é possível usar margarina à base de girassol, e existem muitos iogurtes e sobremesas à base de soja no mercado. A alfarroba pode substituir o chocolate ao leite. No entanto, alguns queijos de soja contêm traços de leite e, portanto, podem não ser adequados.

Se os laticínios precisam ser evitados, é importante introduzir fontes alternativas de cálcio – entre elas queijos sem leite, tofu, vegetais de folhas verdes, frutas secas, sementes, pão e bebidas de soja fortificadas.

Como pesam muito menos, os bebês ingerem uma proporção maior de fitoestrógenos ao beber fórmulas infantis à base de soja em comparação com crianças mais velhas que consomem alguns derivados de soja em uma dieta variada.

A intolerância à lactose

A lactose é o açúcar presente no leite. A intolerância à lactose é a incapacidade de digerir esse açúcar devido à falta de uma enzima digestiva no intestino conhecida como lactase. Não se trata de fato de alergia. Os principais sintomas são diarreia, cólica, flatulência e distensão abdominal. A intolerância à lactose pode ser hereditária – na qual o corpo simplesmente não produz quantidade suficiente de lactase – ou surgir após uma gastroenterite (infecção do intestino). Nesse último caso, os locais onde a enzima lactase é produzida podem ser danificados e, por conseguinte, a lactose permanece não digerida e causa problemas. Em algumas semanas, ou meses, a enzima volta a ser produzida novamente e a digestão da lactose se normaliza.

Algumas crianças podem se beneficiar de uma dieta isenta de leite por um curto período. Consulte o pediatra e verifique se não é o caso de oferecer ao bebê uma fórmula hidrolisada.

Ao comprar comida, atente para os produtos que contêm leite na lista de ingredientes, mas com um nome diferente – como caseína, caseinatos, leite desnatado e soro de leite.

Às vezes, as crianças intolerantes à lactose podem consumir pequena quantidade de queijo duro (que têm níveis de lactose mais baixos) e iogurtes (nos quais a lactose foi digerida por bactérias), mas isso depende muito de cada caso.

Alergia a amendoim

No caso dos amendoins e derivados – que podem induzir uma reação alérgica grave, como o choque anafilático, oferecendo risco de vida –, é melhor pecar pelo excesso de cautela. Em famílias com histórico prévio de qualquer espécie de alergia alimentar, é aconselhável evitar todos os produtos contendo amendoim até a criança completar 3 anos e, em seguida, procurar aconselhamento médico antes de introduzi-los na dieta. Óleos vegetais que contêm óleo de amendoim não são um problema, pois o óleo é refinado, o que elimina todos os traços da proteína do grão. Já a manteiga de amendoim e a farinha de amendoim podem ser introduzidas a partir dos 6 meses, desde que não haja histórico familiar de alergia. O grão inteiro de castanha não deve ser oferecido a crianças com menos de 5 anos devido ao risco de asfixia.

Ovos

Em geral, os bebês são alérgicos à proteína da clara do ovo. A boca do bebê pode inchar rapidamente após encostar no ovo, e a urticária (manchas saltadas na pele, vermelhas ou brancas, que coçam) também é uma reação comum. É incrível a quantidade de alimentos que contêm ovos – para os produtos de panificação, a menos que sejam rotulados com os ingredientes, é sempre mais seguro assumir que levam ovos. Também se podem listar seus derivados, como albumina, lecitina E322, ovoglobulina, globulinas, ovoalbumina, ovomucina ou vitelina. É possível encontrar substitutos para ovos nos supermercados.

Intolerância ao glúten

O glúten é encontrado no trigo e em outros cereais, tais como o centeio e a cevada. Assim, está presente em alimentos básicos como pão, massas, cereais de café da manhã, bolos e biscoitos. Cerca de 1% dos britânicos sofre de uma sensibilidade permanente ao glúten: a doença celíaca*. Se houver histórico familiar dessa doença, existe um risco maior de seu filho ter o problema. Entre os sintomas nas crianças estão perda de apetite, crescimento deficiente, abdome inchado e fezes claras, espumantes e com mau cheiro. A doença é diagnosticada clinicamente por um exame de sangue e pode ser confirmada ao observar-se a parede do intestino com endoscopia. Os procedimentos devem ser realizados antes de o trigo ser excluído da dieta, caso contrário, o teste pode ter um resultado falso.

Como vimos, os alimentos que contêm glúten não devem ser introduzidos na dieta de nenhum bebê antes dos 6 meses. Entre 4-6 meses, ofereça cereais livres de glúten, tais como arroz ou milho. A farinha de arroz é a mais segura para começar.

* Cerca de 4 milhões de brasileiros têm a doença celíaca.

Em seguida, substitua o macarrão à base de arroz, milho ou trigo-sarraceno por macarrão de trigo, e cereais de arroz ou milho pelas variedades à base de trigo no café da manhã. Existem no mercado pães, farinhas, massas e bolos sem glúten.

Algumas pesquisas, ainda não comprovadas, indicam que a maioria dos celíacos pode comer porções moderadas de aveia. Se for o caso, consulte um especialista. A maisena, o arroz branco, o arroz integral ou a farinha de arroz ou de batata podem ser usados no lugar da farinha de trigo.

Verifique a embalagem dos damascos secos para certificar-se de que não foram tratados com dióxido de enxofre. Essa substância pode desencadear ataques de asma em um número muito pequeno de bebês suscetíveis.

- Associação Brasileira de Alergia e Imunologia (ASBAI) é a principal organização para alergias em geral. Para testes de alergias, entre em contato: tel. (11) 5575-6888, www.sbai.org.br
- Para obter informações sobre doença celíaca, contate a Federação Nacional das Associações de Celíacos do Brasil (Fenacelbra), tel. (19) 98331-0300, www.fenacelbra.com.br/fenacelbra
- Para obter informações sobre eczema, contate a Sociedade Brasileira de Dermatologia, tel. (21) 2253 6747, www.sbd.org.br

Aditivos alimentares e corantes

Alguns aditivos alimentares amplamente utilizados, como a tartrazina, vêm sendo associados a reações alérgicas em uma minoria de crianças. Além disso, relações entre a hiperatividade e os aditivos na dieta têm sido relatadas. Há indícios de que determinados aditivos, como aromas e corantes artificiais, ou alimentos naturais, como o leite e o trigo, podem provocar mudanças de comportamento. No entanto, isso acontece com uma pequena minoria – uma incidência muito menor do que os pais imaginam.

Eczema

O eczema é um assunto complexo, e as crianças portadoras desse tipo de inflamação devem ser sempre examinadas pelo pediatra. A Sociedade Brasileira de Dermatologia (veja o quadro ao lado) fornece informações e aconselhamento para quem sofre do problema. O eczema muitas vezes não se origina de alergias alimentares, mas de fatores como sabão em pó, sabonetes, grama ou pólen. Se existe um histórico de eczema na família, a amamentação pode ajudar a retardar o aparecimento da doença. Os alimentos mais comumente implicados na alergia alimentar que se apresenta como eczema são leite de vaca, castanhas, trigo, ovos e frutos do mar.

O desmame de bebês prematuros

Se o seu filho nasceu prematuro, a época de introduzir alimentação complementar pode variar. Bebês nascidos antes de 37 semanas são considerados prematuros e têm uma necessidade maior de certos nutrientes, como ferro e zinco, pois estes começam a ser armazenados no corpo do bebê nos últimos meses de gravidez.

Muitos nascidos pré-termo estarão prontos para os alimentos sólidos antes dos 6 meses de idade "corrigida" (ou seja, a idade de uma criança calculada com base na data de parto prevista). Aconselha-se introduzir sólidos aos bebês pré-termo em algum momento entre os 4 e 7 meses de idade "não corrigida" (ou seja, a idade real da criança, calculada com base em sua data de nascimento, e não na data prevista).

Os bebês não demonstram indícios específicos de que estão prontos para iniciar a alimentação complementar. Converse com o pediatra e com os outros profissionais envolvidos na alimentação do bebê para garantir que você não está começando cedo demais. Por outro lado, não demore demais para introduzir a comida com grumos, pois isso pode ajudar a prevenir algumas dificuldades na alimentação. Sugere-se que os bebês consumam alimentos com grumos macios pelo menos à idade não corrigida de 9 meses. Oferecer ao seu bebê alimentos que ele pode pegar com as mãos, assim que adquirir essa capacidade, provavelmente também vai incentivá-lo a aceitar alimentos diferentes, além de ajudá-lo a desenvolver a coordenação visomanual.

No hospital, os prematuros geralmente são alimentados com leite materno, que pode ser reforçado com proteínas, vitaminas e minerais, quando necessário. Se não houver leite materno disponível, eles receberão uma fórmula infantil especial que contém mais calorias, proteínas, vitaminas e minerais do que a fórmula padrão. Quando recebem alta, bebês não amamentados ingerem uma fórmula especial "pós-alta", disponível sob prescrição médica, mais rica em determinados nutrientes do que a padrão. Os prematuros geralmente precisam "tirar o atraso" de crescimento, e muitas vezes necessitam de grande quantidade de leite e alimentam-se com mais frequência do que os bebês nascidos a termo.

É preciso cuidado ao desmamar bebês pré-termo para garantir que os alimentos não tenham calorias de menos – não é bom enchê-los com papinhas de frutas e legumes, dispensando assim os nutrientes que o leite fornece. Alimentos como ovos, queijo, iogurte grego e abacate, ricos em nutrientes, são ideais para a segunda fase do desmame, assim como as papinhas à base de batata ou batata-doce feitas com fórmula especial ou leite materno, ou um pouco de manteiga ou azeite.

A farinha de arroz para bebês fortificada com ferro, misturada com a fórmula especial ou o leite materno, é uma boa opção no café da manhã, mas tente adicionar papinhas de fruta para variar o sabor. Ao contrário do que diz o senso comum, os bebês nem sempre preferem alimentos insossos.

Procure também incluir alimentos que sejam boas fontes de proteína e ferro. Apresente carne aos 6 meses e peixe um pouco mais tarde. Se não quiser dar carne ou peixe ao bebê, uma pequena quantidade de papinha de feijão ou leguminosas é uma boa alternativa. Ofereça uma ampla variedade de alimentos para garantir bom equilíbrio nutricional e, assim, prevenir que mais tarde seu bebê tenha um paladar seletivo demais.

Primeira fase de desmame: 6 meses

Introduzir alimentos sólidos a um bebê que só consome leite é um marco importante e emocionante para a família, além de ser um grande passo para o bebê, pois ele experimentará um novo mundo de sabores.

Nada melhor para o bebê que comida preparada na hora, e as receitas de papinha deste livro são rápidas e fáceis de fazer. A maioria pode ser congelada, de forma que você não precisa preparar tudo do zero todo dia. Ao fazer a comida do seu filho, você terá certeza de que os ingredientes são da maior qualidade; além disso, papinhas caseiras oferecem um sabor muito melhor do que as industrializadas – que podem ter validade de até dois anos.

Siga as receitas, mas também ouça seus instintos, afinal cada bebê tem suas preferências, e só os pais sabem do que eles gostam mais.

Primeira papinha

6 MESES

RENDE 8 PORÇÕES

COZIMENTO: 15-20 MINUTOS

PODE SER CONGELADA

A cenoura é uma excelente opção de primeiro alimento para bebês, pois têm sabor naturalmente adocicado.

350 g de cenoura descascada e picada

Coloque a cenoura em uma panela de cozimento a vapor com água fervente e cozinhe por 15-20 minutos, até ficar macia. Outra opção é colocar a cenoura em uma panela comum e despejar água fervente suficiente para apenas cobrir. Tampe e cozinhe por 15-20 minutos, até ficar macia.

Escorra a cenoura e transfira-a para um liquidificador, adicionando um pouco da água do fundo da panela, no caso de cozimento a vapor, ou um pouco do líquido do cozimento. Depois, bata até obter uma mistura homogênea. A quantidade de líquido que você deve adicionar depende do seu bebê; se ele tiver dificuldade para engolir a papinha, talvez seja necessário adicionar um pouco mais. Coloque algumas colheradas de papinha na tigela do bebê e sirva morno.

Informação interessante: as cenouras ficam mais nutritivas quando cozidas com um pouco de gordura, como 1 colher (chá) de manteiga sem sal, pois assim o betacaroteno que elas contêm é absorvido com mais facilidade.

DICA

Não é uma boa ideia atrasar a introdução de sólidos além dos 6 meses. Seu bebê precisa aprender a mastigar e a engolir os alimentos. Além disso, aprender a mastigar também incentiva o desenvolvimento de músculos essenciais para a fala.

6 MESES

RENDE 1 PORÇÃO

SEM COZIMENTO

PODE SER CONGELADA

A farinha de arroz para bebês deve ser o primeiro cereal a ser oferecido, pois não contém glúten, proteína encontrada em cereais como o trigo, a cevada e o centeio que pode provocar alergia alimentar se introduzida antes dos 6 meses.

DICA

Introduza os sólidos aos poucos. Siga o ritmo do seu bebê. A sucção é um reflexo natural, mas o bebê precisa aprender a mover os alimentos sólidos da parte da frente da língua para trás a fim de engolir.

Papinha cremosa

1 colher (sopa) de farinha de arroz para bebês
3 colheres (sopa) do leite a que seu bebê está acostumado
4 colheres (sopa) da Primeira papinha (p. 23) ou da Papinha de fruta (p. 25)

Misture a farinha de arroz e o leite seguindo as instruções da embalagem e acrescente à papinha escolhida.

6 MESES

RENDE 6 PORÇÕES

COZIMENTO: 4-8 MINUTOS

PODE SER CONGELADA

A maçã é uma fruta de fácil digestão.

Papinha de fruta

2 maçãs ou 2 peras médias descascadas, sem miolo e picadas
1-2 colheres (sopa) de água ou suco de maçã natural sem açúcar (opcional)

Coloque as frutas picadas em uma panela de fundo grosso e, se usar maçãs, adicione a água ou o suco de maçã; peras maduras não precisam de acréscimo de nenhum tipo de líquido. Tampe e cozinhe em fogo baixo até ficarem macias (cerca de 6-8 minutos para maçãs e 4 minutos para peras). Amasse as frutas até obter um purê. Transfira um pouco para a tigela do bebê e sirva morno.

Informação interessante: maçãs e peras contêm pectina, o que pode ajudar a prender o intestino se o bebê tem fezes moles.

Maçã e pera com canela

6 MESES

RENDE 4 PORÇÕES

COZIMENTO: 6-8 MINUTOS

PODE SER CONGELADA

A papinha de maçã e pera é um alimento introdutório ideal, pois é de fácil digestão e, geralmente, não causa alergia. Escolha uma maçã doce, como da variedade pink lady ou gala. Certas variedades, como a maçã--verde, podem ser ácidas demais para o bebê.

2 maçãs
2 peras maduras (como do tipo bosc)
4 colheres (sopa) de suco de maçã natural sem açúcar ou água
uma pitada generosa de canela em pó (opcional)

Coloque as frutas em uma panela com o suco de maçã ou a água e a canela (se for usar), tampe e cozinhe em fogo baixo por 6-8 minutos, até ficarem macias. Bata as frutas até obter um purê homogêneo.

DICA

As colheres devem ser esterilizadas nos primeiros seis meses de vida do bebê. No entanto, quando ele começar a engatinhar e a colocar objetos na boca, não há sentido em esterilizar outra coisa que não mamadeiras e chupetas. As tigelas podem ser lavadas na lava-louça ou com água bem quente (80°C).

Batata-doce e brócolis

6 MESES

RENDE 3 PORÇÕES

COZIMENTO: 12 MINUTOS

PODE SER CONGELADA

É preferível cozinhar os brócolis no vapor ou no micro-ondas, pois, fervidos, eles perdem metade da quantidade de vitamina C. Se o seu bebê não gosta do sabor, misture os brócolis com um ingrediente adocicado, como inhame, abóbora-cheirosa ou japonesa. Para variar essa receita, experimente batata-doce com ervilha ou com espinafre.

200 g de batata-doce descascada e cortada em cubos
60 g de florete de brócolis
15 g de manteiga sem sal
1-2 colheres (sopa) do leite a que seu bebê está acostumado

Cozinhe a batata-doce e os floretes de brócolis no vapor até ficarem macios (a batata-doce, por cerca de 12 minutos; os brócolis, por 7-8 minutos). Outra opção é colocar a batata-doce em uma panela, cobrir com água e deixar ferver por 4 minutos, depois adicionar os brócolis e continuar a ferver por 7-8 minutos.
Bata com a manteiga e o leite.

Abóbora

6 MESES

RENDE 4 PORÇÕES

COZIMENTO: 12 MIN/1H30

PODE SER CONGELADA

A abóbora combina bem com hortaliças como ervilha ou brócolis e também vai bem com frutas, como maçã ou pera.

450 g de abóbora descascada, sem sementes e cortada ao meio
15 g de manteiga sem sal (opcional)
2 colheres (sopa) de suco de laranja (opcional)

Pique a abóbora em pedaços e cozinhe no vapor ou ferva por cerca de 12 minutos, depois bata. Outra opção: pincele cada metade com manteiga derretida e coloque em cada cavidade 1 colher (sopa) de suco de laranja. Cubra com papel-alumínio e leve ao forno preaquecido a 180°C por 1h30 ou até ficar macia. Em seguida, bata até obter um purê.

Informação interessante: a abóbora é facilmente digerida e quase nunca provoca alergia, além de ser uma boa fonte de betacaroteno, potássio e vitaminas C e E.

Trio de raízes

6 MESES

RENDE 6 PORÇÕES

COZIMENTO: 20 MINUTOS

PODE SER CONGELADO

200 g de batata-doce descascada e picada
200 g de cenoura descascada e picada
110 g de mandioquinha descascada e picada

Cozinhe as raízes no vapor por cerca de 20 minutos, ou até ficarem macias. Bata até obter um purê, adicionando um pouco da água do fundo da panela (cerca de 75 ml), ou um pouco do leite a que o bebê está acostumado, para produzir a consistência ideal. Se não tiver uma panela de cozimento a vapor, coloque as raízes em uma panela e cubra com água fervente. Tampe e cozinhe em fogo médio por cerca de 20 minutos, até ficarem macias. Escorra os ingredientes e bata até obter um purê, usando um pouco do líquido de cozimento ou do leite a que o bebê está acostumado.

As raízes têm sabor naturalmente adocicado, adquirem consistência lisa quando batidas e, em geral, não provocam alergias – são, portanto, uma boa comida introdutória. Você pode substituir a batata-doce usando, por exemplo, inhame ou abóbora.

Informação interessante: a batata-doce de cor alaranjada é boa fonte de vitamina C e betacaroteno, e é mais rica em nutrientes do que as batatas comuns.

6 MESES

RENDE 1 PORÇÃO

SEM COZIMENTO

NÃO PODE SER CONGELADA (EXCETO O MAMÃO)

Frutas cruas são mais nutritivas do que as cozidas, já que nenhum nutriente é perdido. Você pode combinar duas frutas diferentes, como o avocado ou mamão com banana.

Comida crua para bebês

Abacate ou avocado

Corte um abacate pequeno ou um avocado ao meio, descarte o caroço, retire a polpa e amasse-a com um pouco do leite a que seu bebê está acostumado.

Informação interessante: o avocado e o abacate contêm mais nutrientes do que qualquer outro tipo de fruta. Ótima fonte de vitamina E, antioxidante que combate os radicais livres e estimula o sistema imunológico, são ricos em gordura monoinsaturada, que ajuda a prevenir doenças cardíacas. O alto teor calórico dos avocados e abacates torna-os um alimento ideal para bebês, que estão em fase de crescimento.

Banana

Descasque uma banana pequena e amasse-a com um garfo. Nas primeiras etapas do desmame, adicione um pouco do leite a que o bebê está acostumado, se necessário, para diluir a consistência e conferir à fruta um sabor familiar.

Informação interessante: as bananas contêm muitos açúcares de liberação lenta que fornecem níveis constantes de energia. Também são boas no combate à diarreia e à constipação.

Papaia

Corte uma papaia pequena ao meio, descasque, retire as sementes e amasse a polpa de uma das metades até ficar homogênea.

Informação interessante: o mamão comum e a papaia, ricos em vitamina C e em betacaroteno, contêm papaína, enzima que quebra proteínas. Uma porção de 75 g proverá a necessidade diária de vitamina C de uma criança. O mamão também é rico em fibras solúveis, importantes para o bom funcionamento do intestino.

Avocado ou papaia e banana

½ avocado ou ½ mamão papaia pequeno
½ banana pequena madura e descascada
1-2 colheres (sopa) do leite a que o bebê está acostumado

Retire a casca e o caroço do avocado – ou descasque e tire as sementes do mamão papaia – e misture com a banana e o leite. Se usar papaia, o leite é opcional.

Após os primeiros sabores: 6-7 meses

Ofereça ao seu bebê a mais ampla variedade de alimentos possível. Depois que ele aceitar os primeiros sabores, você pode introduzir praticamente todos os legumes e frutas. No entanto, tome cuidado com frutas cítricas como laranja e limão, abacaxi, frutas vermelhas e kiwi, que podem irritar o estômago de alguns bebês.

Além da papinha de frutas e legumes, certifique-se de incluir na dieta do seu filho alimentos que sejam tanto nutritivos quanto ricos em calorias – como iogurte integral e queijo –, pois eles servem de combustível para o rápido crescimento dos bebês.

Além disso, é importante oferecer alimentos ricos em ferro, como carne vermelha, pois a falta desse mineral é a deficiência nutricional mais comum em bebês. Como vimos na introdução, os bebês nascem com uma reserva de ferro que dura cerca de seis meses, o que torna especialmente elevada a necessidade de ferro entre 6 meses e 2 anos de idade. Esse é um período crítico para o crescimento do cérebro, e a falta de ferro na dieta pode prejudicar o desenvolvimento mental.

6-7 MESES

RENDIMENTO INDICADO EM CADA RECEITA

COZIMENTO: TEMPO INDICADO EM CADA RECEITA

PODEM SER CONGELADAS

Papinhas simples com vegetais

Brócolis ou couve-flor

Coloque 250 g de pequenos floretes de brócolis ou couve-flor em uma panela de cozimento a vapor e deixe por cerca de 10 minutos, até ficarem macios. Opção: coloque os floretes em uma panela com água suficiente apenas para cobrir, leve à fervura, tampe e deixe cozinhar por cerca de 6 minutos. Escorra e bata até obter uma papinha. Essa receita fica boa com o acréscimo de batata, cenoura ou batata-doce. Rende 6 porções.

Espiga de milho-verde

Remova a palha e o cabelo e lave a espiga de milho. Cubra com água fervente e cozinhe em fogo médio por 10 minutos. Escorra e retire os grãos de milho com uma faca afiada. Transforme em papinha com um passador de vegetais ou amassador de batata. Opção: cozinhe 250 g de milho-verde e bata no liquidificador. Pode ser misturado com cenoura, alho-poró e batata ou frango. Rende 2 porções.

Abobrinha

Coloque 250 g de abobrinha fatiada em uma panela de cozimento a vapor e deixe por cerca de 10 minutos, até ficar macia. Opção: coloque em uma panela com água

suficiente apenas para cobrir, leve à fervura, tampe e deixe cozinhar por cerca de 6 minutos. Escorra e bata até obter uma papinha. Combina bem com batata-doce ou alho-poró, batata e ervilha. Rende 8 porções.

Ervilha

Costumo usar ervilha congelada, pois ela é quase tão nutritiva quanto a fresca. Cubra 250 g de ervilha com água, leve à fervura, tampe e deixe cozinhar por 4 minutos, até ficar macia (se usar ervilhas frescas, cozinhe por cerca de 15 minutos, ou até ficarem macias). Escorra, mantendo um pouco do líquido de cozimento. Transforme em papinha usando um passador de vegetais. Essa papinha combina bem com batata, cenoura ou batata-doce. Rende 2 porções.

Espinafre

Lave cuidadosamente 110 g de folhas de espinafre, removendo os talos grossos. Cozinhe no vapor ou em uma panela com um pouco de água. Deixe por cerca de 3-4 minutos, até as folhas murcharem. Aperte-as suavemente para retirar o excesso de água, depois bata as folhas no liquidificador. Combina bem com batata, batata-doce ou abóbora. Rende 1 porção.

Batata-doce, inhame ou mandioquinha

Use 1 batata-doce grande, 1 inhame pequeno ou 2 mandioquinhas pequenas. Escove, descasque e corte os ingredientes em cubinhos. Cozinhe no vapor por cerca de 12 minutos, até ficarem macios. Opção: cubra com água fervente e deixe cozinhar em fogo baixo, tampado, por cerca de 15 minutos, até tudo ficar macio. Escorra e reserve o líquido de cozimento. Bata no liquidificador e acrescente um pouco do líquido, se necessário. Rende 4 porções.

Tomate

Retire a pele e as sementes de 2 tomates médios (p. 126) e pique-os grosseiramente. Derreta 1 colher (chá) de manteiga sem sal em uma panela de fundo grosso e refogue o tomate até amolecer. Bata no liquidificador. Combina bem com batata, couve-flor ou abobrinha e um pouco de queijo ralado derretido sobre os tomates cozidos. Rende 1 porção.

6-7 MESES

RENDEM 1 PORÇÃO

SEM COZIMENTO

PODEM SER CONGELADAS (EXCETO O MELÃO)

Os damascos podem ser bem azedos, então prove-os primeiro e só ofereça ao bebê se estiverem doces. Já a manga é naturalmente doce e fácil de digerir, mas certifique-se de escolher uma fruta madura. O melão-amarelo e melão--cantalupo também são bons, pois costumam ser doces.

Papinhas simples de frutas

Damasco fresco

Retire a pele de 2 damascos grandes, da mesma maneira que de um pêssego ou nectarina (p. 126), depois bata com um mixer. Combina bem com banana.

Informação interessante: o damasco é rico em betacaroteno e também é uma boa fonte de ferro e potássio. Damascos secos são especialmente nutritivos, além de ricos em fibras.

Manga

Descasque a fruta, corte metade da polpa em cubos e bata. Combina bem com banana, morango ou iogurte.

Informação interessante: a manga é rica em vitaminas A e C.

Melão

Pegue uma fatia pequena de melão, retire as sementes e corte a casca, descartando a parte mais dura da polpa. Amasse ou bata para fazer uma papinha com a consistência desejada. Combina bem com morango ou banana.

Informação interessante: entre as variedades de melão, o cantalupo é o mais nutritivo. Rico em vitamina C, também fornece betacaroteno e potássio.

Pêssego ou nectarina

Retire a pele de uma nectarina ou de um pêssego pequeno e maduro e pique a polpa (p. 126). Depois bata no liquidificador ou amasse. Combina bem com morango, banana ou mirtilo.

Ameixa

Retire a pele de 2 ameixas grandes, da mesma forma que de um pêssego ou nectarina (p. 126), depois pique a polpa. As ameixas podem ser transformadas em papinha ainda cruas se estiverem suficientemente macias e suculentas, mas você também pode cozinhá-las por alguns minutos até amaciarem. Ficam boas misturadas com farinha de arroz para bebês, banana ou iogurte.

Frutas secas (damasco, pêssego ou ameixa)

Cubra 110 g da fruta com água, leve à fervura e cozinhe por cerca de 5 minutos, até ficar macia. Escorra (retire o caroço das ameixas secas, se tiverem caroço) e bata.

Adicione um pouco do líquido de cozimento para fazer uma papinha homogênea. Pode ser combinada com farinha de arroz para bebês e leite, ou papinha de banana, pera ou maçã.

6-7 MESES

RENDE 4 PORÇÕES

COZIMENTO: 20 MINUTOS

PODE SER CONGELADA

Ao contrário de muitos outros vegetais, as cenouras ficam mais nutritivas cozidas. O calor abre suas células, permitindo que antioxidantes e outros nutrientes sejam absorvidos pelo organismo com mais facilidade.
É melhor cozinhar inhames no vapor em vez de fervê-los, pois a vitamina C que eles contêm é solúvel em água e grande parte dela é perdida na água de cozimento.

Essa receita também fica boa com batata-doce ou abóbora em vez de inhame.

Inhame, cenoura e ervilha

250 g de inhame descascado e picado
250 g de cenoura descascada e picada
75 g de ervilha congelada

Coloque o inhame e as cenouras picadas em uma panela de cozimento a vapor e deixe por 15 minutos. Outra opção: cubra com água em uma panela, leve à fervura, tampe e deixe cozinhar por cerca de 15 minutos. Adicione as ervilhas congeladas e continue cozinhando por mais 5 minutos. Bata no liquidificador com a quantidade de líquido do fundo da panela necessária para obter uma consistência homogênea. Para bebês bem novos, use um passador de vegetais para retirar a pele das ervilhas.

Informação interessante: uma única cenoura grande fornece a dose diária recomendada de vitamina A para um adulto.

6-7 MESES

RENDE 6 PORÇÕES

COZIMENTO: 24 MINUTOS

PODE SER CONGELADA

Papinha olhos de lince

1 cebola pequena descascada e fatiada
25 g de manteiga sem sal
450 g de cenoura picada
350 ml de caldo de legumes ou de galinha (pp. 124-5)
60 ml de suco de laranja natural espremido na hora

Refogue a cebola na manteiga até ficar macia. Adicione as cenouras e refogue por 3-4 minutos. Despeje o caldo por cima, leve à fervura, reduza o fogo e deixe cozinhar por cerca de 20 minutos ou até as cenouras ficarem macias. Adicione o suco de laranja e bata no liquidificador.

Informação interessante: a cenoura ajuda a melhorar a visão noturna. Ela é uma excelente fonte de betacaroteno, uma forma natural de se obter a vitamina A – um dos primeiros sintomas de deficiência dessa vitamina é a cegueira noturna.

6-7 MESES

RENDE 3 PORÇÕES

COZIMENTO: 18 MINUTOS

PODE SER CONGELADA

Em vez de batata, você pode usar batata-doce, abóbora-japonesa ou abóbora-cheirosa.

Batata, abobrinha e ervilha

50 g de cebola descascada e bem picada
15 g de manteiga sem sal
50 g de abobrinha cortada em fatias finas
150 g de batata descascada e picada
125 ml de caldo de legumes ou de galinha (pp. 124-5)
25 g de ervilha congelada

Refogue a cebola na manteiga por cerca de 3 minutos, ou até ficar macia. Adicione a abobrinha e refogue por 1 minuto. Acrescente a batata, regue com o caldo, tampe e deixe cozinhar por 12 minutos. Junte a ervilha congelada, leve à fervura, reduza o fogo e deixe cozinhar por 3 minutos. Bata no liquidificador.

Informação interessante: todas as abóboras de polpa amarela são boas fontes de betacaroteno, mas na abobrinha essa vitamina só está presente em quantidade mais significativa na casca, portanto é melhor consumi-la sem descascar.

Abóbora da Cinderela

6-7 MESES

RENDE 3-4 PORÇÕES

COZIMENTO: 32 MINUTOS

PODE SER CONGELADA

15 g de manteiga sem sal
50 g da parte branca de um alho-poró fatiada
225 g de abóbora-moranga ou japonesa cortada em cubos
150 ml de caldo de legumes ou de galinha (pp. 124-5)

Derreta a manteiga em uma panela e refogue o alho-poró até ficar macio e levemente dourado. Adicione a abóbora e continue cozinhando por mais 2 minutos. Despeje o caldo por cima, leve à fervura, abaixe o fogo, tampe e deixe cozinhar por 30 minutos, ou até a abóbora ficar macia. Bata no liquidificador ou amasse com um garfo – indicado para bebês mais velhos.

Essa era uma das combinações preferidas da minha filha mais nova – e é tão saborosa que você pode preparar como sopa para o resto da família. Se não achar abóbora-moranga, experimente usar a japonesa.

Para uma variação com carne, adicione 60 g de peito de frango picado. Deixe cozinhar tampado durante 15 minutos em vez de 30.

7 AFOGADINHO

Batata-doce com espinafre e ervilha

6-7 MESES

RENDE 5 PORÇÕES

COZIMENTO: 14 MINUTOS

PODE SER CONGELADA

Combinar o espinafre com um alimento de sabor adocicado, como a batata-doce, é uma boa maneira de apresentá-lo ao bebê. Você também pode preparar essa receita com brócolis, em vez de espinafre.

25 g de manteiga sem sal
50 g de alho-poró cortado em fatias finas
375 g de batata-doce descascada e picada
200 ml de água fervente
50 g de ervilha congelada
75 g de folhas de espinafre frescas, sem caules duros

Derreta a manteiga em uma panela, refogue o alho-poró por 2-3 minutos, ou até ficar macio, e depois adicione a batata-doce. Despeje a água fervente, tampe e deixe cozinhar por 7-8 minutos. Adicione as ervilhas e o espinafre e cozinhe por mais 3 minutos. Bata tudo no liquidificador até obter uma consistência homogênea, adicionando um pouco do líquido de cozimento, se necessário.

Informação interessante: vegetais congelados, como ervilhas, podem ser quase tão nutritivos quanto os frescos, pois são congelados poucas horas depois de colhidos, conservando, assim, os nutrientes vitais. Depois de cozidos, podem ser congelados novamente.

6-7 MESES

RENDE 3 PORÇÕES

COZIMENTO: 26 MINUTOS

PODE SER CONGELADA

Para os bebês mais novos, é melhor amassar o milho com um passador de vegetais, pois assim ficará mais fácil de digerir e terá consistência mais suave.

DICA
A água é a melhor alternativa ao leite em matéria de bebidas – de preferência filtrada ou fervida e resfriada. Bebês amamentados só no peito não precisam de água até começarem a comer alimentos sólidos.

Batata, cenoura e milho-verde

25 g de manteiga sem sal
50 g de cebola descascada e picada
175 g de cenoura descascada e picada
200 g de batata descascada e picada
250 ml de caldo de legumes (p. 124) ou água
50 g de milho-verde
1-2 colheres (sopa) de leite

Derreta a manteiga em uma panela e refogue a cebola por 1 minuto. Adicione a cenoura e refogue por mais 5 minutos. Acrescente a batata, cubra com caldo ou água e cozinhe em fogo médio por 15 minutos. Junte o milho e continue a cozinhar por mais 5 minutos. Transforme em papinha usando um passador de vegetais e acrescente o leite até obter a consistência certa para o seu bebê.

Informação interessante: o milho-verde é uma boa fonte de betacaroteno e fibras.

6-7 MESES

RENDE 4 PORÇÕES

COZIMENTO: 23 MINUTOS

PODE SER CONGELADO

Essa combinação saborosa de peixe com vegetais e molho de queijo faz muito sucesso com os bebês.

DICA

Se seu filho tem alguma alergia ou intolerância alimentar, informe isso a todos os que cuidam dele.

Filé de peixe com vegetais e molho de queijo

15 g de manteiga sem sal
50 g de alho-poró cortado em fatias finas
110 g de cenoura descascada e picada
250 ml de água fervente
50 g de ervilha congelada
150 g de filé de pescada ou linguado sem pele
150 ml de leite
1 folha de louro
1 raminho de salsa

Derreta a manteiga em uma panela, adicione o alho-poró e refogue por 2-3 minutos. Acrescente a cenoura, cubra com a água fervente e cozinhe por 15 minutos. Junte a ervilha e cozinhe por mais 5 minutos, ou até todos os vegetais ficarem macios.

Enquanto isso, coloque o peixe em uma panela com o leite, a folha de louro e a salsa. Cozinhe por 3-4 minutos, ou até o peixe ficar no ponto. Desfie-o em lascas e reserve o líquido de cozimento. Descarte os temperos.

Faça o molho de queijo (p. 126).

Escorra os vegetais e misture com as lascas de peixe e o molho de queijo. Mexa até obter uma papinha com a consistência desejada. Se os vegetais estiverem macios, apenas amasse os ingredientes (para bebês mais novos) ou pique-os (para os que já começaram a mastigar).

6-7 MESES

RENDE 4 PORÇÕES

COZIMENTO: 20 MINUTOS

PODE SER CONGELADA

Maçã e frango formam uma combinação deliciosa. A batata-doce deixa a consistência mais suave.

Frango com batata-doce e maçã

15 g de manteiga
40 g de cebola picada
110 g de peito de frango picado
300 g de batata-doce descascada e picada
½ maçã descascada e picada
200 ml de caldo de galinha (p. 125)

Aqueça a manteiga em uma panela, adicione a cebola e refogue por 2-3 minutos. Junte o frango e refogue por mais alguns minutos, até ficar opaco. Acrescente a batata-doce e a maçã e despeje o caldo por cima. Leve à fervura, tampe e deixe cozinhar em fogo baixo por 15 minutos. Bata até adquirir a consistência desejada.

Informação interessante: o frango é um alimento ideal para a fase de crescimento, pois é rico em proteínas e vitamina B12, que não estão presentes nos vegetais.*

* Exceção para o levedo de cerveja.

6-7 MESES

RENDEM 1 PORÇÃO (EXCEÇÕES INDICADAS)

SEM COZIMENTO

NÃO PODEM SER CONGELADAS

Algumas papinhas são bem fáceis de preparar, pois levam ingredientes que não precisam de cozimento. A seguir há algumas combinações deliciosas e muito nutritivas para você experimentar. Adequadas tanto para o café da manhã quanto para a sobremesa, essas papinhas podem ser misturadas com farinha de arroz para bebês. Prove primeiro para certificar-se de que a fruta está doce e madura. Para as receitas com iogurte, escolha sempre a variedade integral, natural e "viva". Iogurte natural do tipo grego também é uma boa opção. Pêssego fresco e damasco seco combinam bem com iogurte.

Papinhas rápidas e cruas

As bananas (base para a maioria dessas papinhas) são um ótimo alimento introdutório: rápidas de preparar e fáceis de digerir, raramente causam reação alérgica. Além disso, rendem uma comida de bebês perfeita para viagem, pois vêm com "embalagem" própria, fácil de "abrir".

Banana e mirtilo

25 g de mirtilo
1 banana pequena madura, descascada e fatiada

Coloque o mirtilo em uma panela com 1 colher (sopa) de água e deixe cozinhar por cerca de 2 minutos, ou até a fruta começar a rachar. Com um mixer, bata o mirtilo com a banana até obter uma mistura homogênea.

Banana e manga ou mamão

1 banana pequena descascada
75 g de manga descascada e sem caroço ou de papaia descascada e sem sementes

Fatie as frutas e bata tudo junto.

Banana, pêssego e morango

1 banana pequena descascada e fatiada
1 pêssego maduro sem pele nem caroço
2 morangos orgânicos cortados em quatro

Bata todas as frutas juntas.

Banana com maçã

1 banana pequena descascada e fatiada
2-3 colheres (sopa) de papinha de maçã (p. 25)

Basta amassar a banana com o purê de maçã.

Melão e morango

½ melão-cantalupo maduro, descascado, sem sementes e picado
3 morangos orgânicos cortados em quatro
1-2 colheres (sopa) de farinha de arroz para bebês

Bata as frutas todas juntas e misture a farinha de arroz para engrossar.

Banana, abacate e iogurte

½ banana pequena fatiada
½ abacate pequeno maduro
1-2 colheres (sopa) de iogurte grego natural

Amasse ou bata a banana com o abacate e acrescente o iogurte.

Manga e iogurte

½ manga pequena e madura, picada
3-4 colheres (sopa) de iogurte natural integral

Bata a manga com um mixer e acrescente o iogurte. Rende 2 porções.

Banana e pera

1 banana pequena fatiada
½ pera madura descascada, sem miolo e picada

Amasse ou bata a banana com a pera.

Observação: as papinhas de banana devem ser servidas imediatamente, caso contrário, perdem a cor. Procure as manchinhas escuras na casca da banana para certificar-se de que ela está madura.

Banana com tofu

1 banana pequena madura
50 g de tofu macio

Amasse a banana e misture com o tofu. Você também pode misturar o tofu com outras frutas, como manga ou pêssego.

Informação interessante: a maioria dos vegetarianos conhece os benefícios que o tofu traz à saúde. Excelente alternativa à carne e bastante proteico, o tofu é produzido com coalhada de soja e rico em inúmeros nutrientes, incluindo ferro, potássio e cálcio.

6-7 MESES

RENDE 1 PORÇÃO

COZIMENTO: 2-3 MINUTOS

NÃO DEVE SER CONGELADA

Essa é uma papinha deliciosa para preparar na época de pêssegos doces e maduros. Sua doçura natural faz dela a favorita dos pequeninos.

DICA

Não coloque nada na mamadeira além de água ou leite. Beber líquidos doces é a causa principal de cárie em crianças pequenas. Uma boa ideia é começar a usar uma canequinha com tampa e bico a partir dos 6-7 meses e, mais tarde, uma caneca aberta.

Pêssego e banana

1 pêssego maduro sem pele nem caroço e cortado em pedaços (p. 126)
1 banana pequena fatiada
½ colher (sopa) de suco natural de maçã
farinha de arroz para bebês (opcional)

Coloque o pêssego e a banana em uma panelinha com o suco de maçã, tampe e cozinhe por 2-3 minutos. Em seguida, bata no liquidificador. Se a papinha ficar muito líquida, acrescente um pouco de farinha de arroz.

Informação interessante: fácil de digerir, o pêssego é uma boa fonte de vitamina C.

Maçã, morango e pêssego

6-7 MESES

RENDE 4 PORÇÕES

COZIMENTO: 5 MINUTOS

PODE SER CONGELADA

1 maçã grande descascada, sem miolo e picada
1 pêssego grande, sem pele nem caroço e picado (p. 126)
75 g de morango orgânico cortado em quatro
1 colher (sopa) de farinha de arroz para bebês

Coloque as frutas em uma panela, tampe e cozinhe em fogo baixo por cerca de 5 minutos. Bata no liquidificador e misture a farinha de arroz.

Informação interessante: os morangos contêm mais vitamina C do que outras frutas vermelhas e podem ajudar a fortalecer as defesas imunológicas do seu filho. O morango também contêm ácido elágico, que, acredita-se, ajuda a prevenir o câncer.

Você também pode esmigalhar bem uma torrada e acrescentar à papinha de fruta em vez de usar a farinha de arroz.

Experimente ainda fazer uma papinha de morango, pera e pêssego. Descasque e pique 2 peras maduras e coloque em uma panela com 50 g de morango orgânico cortado em quatro e cozinhe por 3-4 minutos. Bata no liquidificador com o pêssego e acrescente 2 colheres (sopa) de farinha de arroz para bebês para engrossar.

6-7 MESES

RENDE 12 PORÇÕES

COZIMENTO: 34 MINUTOS

PODE SER CONGELADA

Essa papinha é ideal para introduzir o frango aos bebês mais novos.

Panelinha fácil de frango

50 g de alho-poró cortado em fatias finas
15 g de manteiga sem sal
110 g de peito de frango cortado em pedaços
1 cenoura média descascada e fatiada
275 g de batata-doce descascada e picada
300 ml de caldo de galinha (p. 125)

Refogue o alho-poró na manteiga até ficar macio. Adicione o frango à panela e refogue por 3-4 minutos. Acrescente a cenoura e a batata-doce, despeje o caldo por cima, leve à fervura, abaixe o fogo, tampe e deixe cozinhar por cerca de 30 minutos, ou até o frango ficar cozido e os vegetais ficarem macios. Bata no liquidificador até obter a consistência desejada.

Pêssego, pera e mirtilo

6-7 MESES

RENDE 3 PORÇÕES

COZIMENTO: 3-4 MINUTOS

PODE SER CONGELADA

1 pêssego maduro e suculento, sem pele nem caroço e picado (p. 126)
1 pera média madura, descascada, sem miolo e picada
50 g de mirtilo
2-3 colheres (sopa) de farinha de arroz para bebês

Coloque as frutas em uma panelinha, tampe e cozinhe em fogo baixo por 3-4 minutos, mexendo de vez em quando. Bata no liquidificador e acrescente a farinha de arroz para bebês enquanto ainda estiver quente.

Informação interessante: o mirtilo é uma boa fonte de vitamina C e também contém betacaroteno. Seu teor de antioxidantes é o mais elevado de todas as frutas, principalmente devido ao pigmento azul da pele, a antocianina.

Frutas macias como essas tendem a virar uma papinha bem líquida – adicionar a farinha de arroz para bebês é uma boa maneira de engrossá-la.

DICA

Sucos de frutas são uma boa fonte de vitamina C, mas tenha em mente que oferecer sucos e outras bebidas ao bebê reduzirá seu apetite para o leite. O suco de frutas também é ácido e contém açúcares naturais, o que pode causar cáries. É melhor não oferecê-lo ao bebê até que ele complete 6 meses, pois alguns podem ter uma reação adversa a cítricos. Todo suco de fruta deve ser diluído na proporção de 5 partes de água para 1 parte de suco.

6-7 MESES

RENDE 4 PORÇÕES

COZIMENTO: 5-6 MINUTOS

PODE SER CONGELADA

Sirva essa papinha sozinha ou misture com um pouco de farinha de arroz para bebês, iogurte grego ou banana amassada. A fava de baunilha dá um sabor delicioso às frutas.

Damasco, maçã, pera e baunilha

75 g de damasco seco picado
1 maçã grande descascada, sem miolo e picada
1 fava de baunilha
4 colheres (sopa) de suco de maçã natural ou água
1 pera grande e madura, descascada, sem miolo e picada

Coloque o damasco e a maçã em uma panela de fundo grosso com o suco ou a água. Divida a fava de baunilha ao meio, raspe as sementes para dentro da panela e acrescente a fava dividida. Leve à fervura, tampe e cozinhe por 3-4 minutos. Junte a pera picada e continue a cozinhar por mais 2 minutos. Retire a fava de baunilha. Bata no liquidificador.

Segunda fase de desmame: 7-9 meses

Assim que seu bebê conseguir sentar sem apoio, poderá usar um cadeirão. Faça das refeições momentos sociáveis, nos quais ele também vá à mesa.

Introduza alimentos mais consistentes e de textura mais irregular para encorajar seu bebê a mastigar. Se ele não estiver com fome na hora das refeições, reduza a quantidade de leite antes, para deixá-lo com mais fome de sólidos e, portanto, não tão exigente quanto à textura. Ele ainda deve ingerir um mínimo de 500-600 ml de leite por dia.

Ofereça 2-3 porções diárias de alimentos ricos em amido, como batata, arroz, massas ou pão. Frutas e outros vegetais são ideais para comer com as mãos (veja abaixo) e devem ser incluídos em pelo menos duas refeições diárias. O bebê deve receber uma porção diária de carne, peixe, ovos ou leguminosas, como feijão ou lentilha. É importante incluir na dieta a carne vermelha, ótima fonte de ferro. Além disso, ovos bem cozidos constituem uma fonte de proteína excelente e barata, além de serem fáceis de preparar.

Assim que seu bebê conseguir segurar objetos, você também poderá oferecer alimentos fáceis de pegar, como:

- maçã, pera ou banana descascadas
- uvas sem sementes e picadas
- frutas secas picadas – uva-passa ou damasco
- cubinhos de queijo
- vegetais cozidos ou crus – palitos de cenoura ou pepino, floretes de brócolis
- tiras de pão torrado
- minissanduíches
- biscoito de arroz

7-9 MESES

RENDE 5 PORÇÕES

COZIMENTO: 25 MINUTOS

PODE SER CONGELADA

Os bebês mais novos podem ter dificuldade de digerir a lentilha. Por isso, misture-a com hortaliças frescas, como nessa receita. Você pode transformar essa papinha saborosa em uma deliciosa sopa para a família – basta adicionar mais caldo e um pouco de tempero.

DICA

As primeiras iguarias de um bebê vegetariano são as mesmas que as de outros bebês – farinha de arroz, papinhas de frutas e legumes etc., mas isso muda a partir de cerca de 7 meses, quando são introduzidas as proteínas. Como o bebê não comerá carne, ofereça laticínios, ovo e lentilha. Não é tão fácil absorver o ferro de fontes não animais, por isso é bom dar uma fruta rica em vitamina C ou um suco diluído para melhorar esse processo.

Brilha lentilha

50 g de cebola bem picada
100 g de cenoura descascada e picada
15 g de aipo picado
1 colher (sopa) de óleo vegetal
50 g de lentilha vermelha
250 g de batata-doce descascada e picada
400 ml de caldo de legumes ou galinha (pp. 124-5) ou água

Refogue a cebola, a cenoura e o aipo no óleo vegetal por cerca de 5 minutos, ou até tudo ficar macio. Adicione a lentilha e a batata-doce à panela e despeje o caldo ou a água por cima. Leve à fervura, abaixe o fogo, tampe e deixe cozinhar por 20 minutos. Bata no liquidificador.

Informação interessante: lentilhas são uma fonte de proteína boa e barata. Elas também fornecem ferro, que é muito importante para o desenvolvimento do cérebro, sobretudo entre 6 meses e 2 anos.

7-9 MESES

RENDE 4 PORÇÕES

COZIMENTO: 20 MINUTOS

PODE SER CONGELADA

As batatas combinam bem com a maioria dos vegetais. Descasque-as imediatamente antes de cozinhar – não as mergulhe em água antes, pois elas perderão a vitamina C.

Batata, alho-poró, cenoura e ervilha

25 g de manteiga sem sal
60 g de alho-poró fatiado
175 g de batata descascada e cortada em cubos
1 cenoura média descascada e fatiada
300 ml de caldo de legumes ou galinha (pp. 124-5)
50 g de ervilha congelada

Derreta a manteiga em uma panela e refogue o alho--poró por 3-4 minutos. Adicione a batata e a cenoura e despeje o caldo por cima. Leve à fervura, abaixe o fogo, tampe e cozinhe por 10 minutos. Acrescente a ervilha e continue a cozinhar por cerca de 6 minutos, até os vegetais ficarem macios. Bata em um processador de alimentos.

Informação interessante: a batata contém vitamina C e constitui uma boa fonte de potássio.

7-9 MESES

RENDE 4 PORÇÕES

COZIMENTO: 18 MINUTOS

PODE SER CONGELADA

Tomate e cenoura com manjericão

Se você apresentar novos sabores ao seu bebê logo cedo, ele tenderá a aceitar comidas diferentes. O sabor marcante e adocicado da cenoura com tomate combina bem com a couve-flor, mais suave.

125 g de cenoura descascada e fatiada
100 g de florete de couve-flor
25 g de manteiga sem sal
200 g de tomate maduro, sem pele nem sementes e picados grosseiramente (p. 126)
2-3 folhas de manjericão fresco
50 g de cheddar inglês ralado na hora (opcional)

Coloque a cenoura em uma panelinha, cubra com água fervente, tampe e deixe cozinhar por 10 minutos. Adicione a couve-flor e cozinhe tampado por mais 7-8 minutos, acrescentando mais água, se necessário. Enquanto isso, derreta a manteiga em outra panela, adicione os tomates e refogue até ficarem moles. Junte o manjericão e o queijo e mexa até derreter. Bata a cenoura e a couve-flor com o molho de tomate e cerca de 3 colheres (sopa) do líquido de cozimento.

7-9 MESES

RENDE 4 PORÇÕES

COZIMENTO: 21 MINUTOS

PODE SER CONGELADA

É uma boa ideia apresentar os vegetais verdes ao seu filho logo cedo. Como os bebês podem achar o gosto de certos vegetais muito forte, tente misturá-los com algo mais suave, por exemplo, combinando brócolis com batata. Você também pode fazer essa papinha usando abobrinha em vez de brócolis.

Papinha verde

40 g de cebola picada
15 g de manteiga sem sal
250 g de batata descascada e cortada em cubos
375 ml de caldo de legumes (p. 124) ou água
50 g de florete de brócolis
50 g de ervilha congelada
50 g de folhas de espinafre frescas

Refogue a cebola na manteiga por 5 minutos até ficar macia, mas sem dourar. Acrescente a batata à panela e despeje o caldo ou a água por cima. Tampe, leve à fervura e cozinhe por 10 minutos. Adicione os floretes de brócolis e cozinhe por mais 3 minutos, depois junte as ervilhas e o espinafre e cozinhe por mais 3 minutos. Bata com tanto líquido de cozimento quanto necessário para deixar a papinha na consistência desejada para o bebê.

Miniminestrone

7-9 MESES

RENDE 3 PORÇÕES

COZIMENTO: 28 MINUTOS

PODE SER CONGELADO

As hortaliças do minestrone dão consistência à sopa e, ao mesmo tempo, ficam macias o bastante para bebês mais velhos mastigarem, desde que estejam cortadas em cubos (como nessa receita). No entanto, para bebês mais novos, você pode bater a sopa no liquidificador até obter a consistência desejada.

1 colher (sopa) de óleo vegetal
50 g de cebola picada
1 dente de alho amassado
75 g de cenoura cortada em cubos
25 g de aipo cortado em cubos
25 g de vagem francesa aparada e cortada em pedacinhos
125 g de batata cortada em cubos
1 colher (chá) de extrato de tomate
250 ml de caldo de galinha ou legumes (pp. 124-5)
2 colheres (sopa) de macarrão de estrelinha
25 g de ervilha congelada
1 colher (sopa) de parmesão ralado na hora (opcional)

Aqueça o óleo em uma panela e refogue a cebola e o alho por 1 minuto. Adicione a cenoura e o aipo e continue a refogar por 5 minutos. Acrescente a vagem, a batata e o extrato de tomate e cozinhe por mais 2 minutos. Despeje o caldo por cima, leve à fervura, abaixe o fogo e deixe cozinhar por 10 minutos. Adicione o macarrão de estrelinha e cozinhe por mais 5 minutos. Por fim, junte a ervilha e cozinhe por mais 5 minutos. Finalize com o queijo. Para bebês mais novos, bata no liquidificador.

7-9 MESES

RENDE 4 PORÇÕES

COZIMENTO: 18-20 MINUTOS

PODE SER CONGELADA

É importante ter certeza de que, assim como frutas, verduras, carboidratos e proteínas, os bebês consomem gordura suficiente, pois ela é fundamental para seu crescimento e desenvolvimento. Bebês e crianças pequenas precisam, proporcionalmente, de mais gordura na dieta do que os adultos. Por essa razão, pratos com molho ou iogurte grego são ideais para o seu bebê.

Papinha de vegetais

200 g de cenoura descascada e picada
75 g de florete de couve-flor
75 g de abobrinha fatiada
15 g de manteiga sem sal
250 g de tomate maduro, sem pele nem sementes e picado (p. 126)
50 g de cheddar inglês ralado na hora (opcional)

Coloque a cenoura em uma panela de cozimento a vapor e cozinhe por 10 minutos. Se você tiver uma panela com vários andares, coloque a couve-flor e a abobrinha na cesta acima da cenoura (senão, misture tudo) e continue a cozinhar por mais 7-8 minutos. Se não tiver essa panela especial, coloque a cenoura em uma panela comum, cubra com água e ferva por 12 minutos. Adicione a couve-flor e a abobrinha e continue fervendo por mais 8 minutos.

Derreta a manteiga em uma panela, adicione o tomate picado e refogue por cerca de 2 minutos, até amolecer um pouco. Junte o queijo ralado e mexa até derreter. Bata as cenouras com a couve-flor e a abobrinha e misture com o molho de tomate e queijo.

Vegetais com molho de queijo

7-9 MESES

RENDE 4 PORÇÕES

COZIMENTO: 7-10 MINUTOS

PODE SER CONGELADA

75 g de florete de couve-flor
50 g de florete de brócolis
1 cenoura média descascada e fatiada
50 g de ervilha congelada

Coloque os vegetais em uma panela de cozimento a vapor sobre uma panela com água fervente e deixe cozinhar por 4 minutos. Adicione a ervilha e continue a cozinhar por 3 minutos. Enquanto isso, prepare o molho de queijo (p. 126).

Despeje-o sobre os vegetais e bata até obter um purê, ou pique os vegetais para bebês mais velhos e misture com o molho. Para bebês mais novos, adicione um pouco mais de leite para diluir a papinha, se necessário. Coloque um pouco na tigela do seu bebê e sirva morno.

Se o seu bebê não parece muito interessado em comer vegetais, experimente misturá-los com um molho de queijo saboroso.

DICA

Se você quiser criar seu bebê com uma dieta vegetariana, faça o possível para que ela não seja rígida demais – não ofereça muitos cereais com alto teor de fibras e alimentos como lentilha. Certifique-se de dar vários alimentos calóricos e ricos em nutrientes, como queijo e ovo.

7-9 MESES

RENDE 3 PORÇÕES

COZIMENTO: 7-10 MINUTOS

PODE SER CONGELADA

Para fazer o molho de queijo, você pode experimentar queijos suaves diferentes, como o edam ou o emmenthal. Misture também com outros vegetais, como cenoura ou espinafre.

Couve-flor e brócolis ao molho de queijo

110 g de florete de couve-flor
50 g de florete de brócolis
20 g de manteiga sem sal
20 g de farinha de trigo
uma pitada de noz-moscada
200 ml de leite
25 g de queijo minas padrão ralado na hora
25 g de gruyère ralado na hora

Cozinhe os floretes de couve-flor e brócolis no vapor por cerca de 7 minutos, até ficarem macios (ou ferva em uma panela com água por 7 minutos, até ficarem macios). Enquanto isso, prepare o molho de queijo (p. 126), acrescentando a noz-moscada no leite e os dois queijos ao molho. Bata no liquidificador para bebês com menos de 9 meses. Para bebês mais velhos e capazes de mastigar, corte a couve-flor e os brócolis em pedacinhos pequenos e misture com o molho de queijo.

7-9 MESES

RENDE 2 PORÇÕES

COZIMENTO: 10 MINUTOS

PODE SER CONGELADO

A abóbora faz muito sucesso com os bebês novinhos devido a sua consistência suave e ao sabor naturalmente adocicado.

Macarrão com abóbora

200 g de abóbora-cheirosa picada
1½ colher (sopa) de macarrão de estrelinha
15 g de manteiga sem sal
150 g de tomate sem pele nem sementes e picado (p. 126)
20 g de cheddar inglês ralado na hora (opcional)
2 colheres (sopa) de leite

Cozinhe a abóbora no vapor ou na água por 10 minutos, ou até ficar macia. Enquanto isso, cozinhe o macarrão de estrelinha de acordo com as instruções da embalagem, mas sem colocar sal na água. Derreta a manteiga em uma panelinha e refogue o tomate até amolecer, depois junte o queijo e misture até derreter. Usando um mixer, bata a abóbora cozida com o tomate e a mistura de queijo com o leite e, por fim, acrescente o macarrão de estrelinha.

7-9 MESES

RENDE 5 PORÇÕES

COZIMENTO: 20 MINUTOS

PODE SER CONGELADO

Essa é uma das receitas de peixe preferidas da minha família. Não se deixe assustar pela combinação incomum, pois ela produz um sabor maravilhoso.

Filé de peixe com molho de laranja

225 g de filé de peixe (pescada, merluza) sem pele
125 ml de suco de laranja espremido na hora
40 g de cheddar inglês ralado na hora (opcional)
1 colher (sobremesa) de salsa fresca bem picada
25 g de cereal de flocos de milho esmigalhado
15 g de manteiga sem sal

Coloque o peixe em uma assadeira untada, cubra com o suco de laranja, o queijo, a salsa e os flocos de milho e espalhe a manteiga em pedacinhos. Cubra com papel-alumínio e leve ao forno a 180°C por cerca de 20 minutos. Opção: tampe e cozinhe no micro-ondas em potência alta por 4 minutos. Desfie o peixe com cuidado, retirando todas as espinhas, e amasse tudo com o líquido em que o peixe foi cozido.

7-9 MESES

RENDE 4 PORÇÕES

COZIMENTO: 20 MINUTOS

PODE SER CONGELADO

O linguado é uma ótima opção para começar a oferecer peixes, pois tem uma consistência macia adequada para os bebês.

Filé de linguado com cenoura e tomate

250 g de cenoura descascada e fatiada
225 g de filé de linguado sem pele
2 colheres (sopa) de leite
40 g de manteiga sem sal
2 tomates maduros sem pele nem sementes e picados *(p. 126)*
40 g de cheddar inglês ralado na hora (opcional)

Coloque a cenoura em uma panela de cozimento a vapor sobre uma panela com água fervente e cozinhe por 20 minutos. Enquanto isso, coloque o peixe em um prato de micro-ondas, adicione o leite, distribua 5 g de manteiga em pedacinhos e cubra, deixando uma abertura para o ar. Leve ao micro-ondas em potência alta por 2-3 minutos. Opção: coloque o peixe em uma panela, cubra com um pouco de leite e deixe cozinhar por cerca de 5 minutos ou até ficar cozido.

Derreta a manteiga restante em uma panela, Junte o tomate e refogue até ficar mole. Adicione o queijo e mexa até derreter. Bata a cenoura com a mistura de tomate. Retire o peixe do caldo e desfie-o, tomando cuidado para remover as espinhas. Misture o peixe com a cenoura e o tomate. Para os bebês mais novos, bata o peixe com a cenoura e o tomate, originando uma papinha de textura mais lisa.

125 ml
1/2 cup

Surpresa de salmão

7-9 MESES

RENDE 3 PORÇÕES

COZIMENTO: 20 MINUTOS

PODE SER CONGELADO

Assim como a receita da p. 75, essa também utiliza a combinação deliciosa, ainda que um pouco incomum, de peixe com laranja.

200 g de cenoura descascada e fatiada
125 g de filé de salmão sem pele
60 ml de suco de laranja espremido na hora
40 g de cheddar inglês ralado na hora (opcional)
15 g de manteiga sem sal
2 colheres (sopa) de leite

Coloque a cenoura em uma panela, cubra com água, leve à fervura e cozinhe em fogo médio por cerca de 20 minutos, até ficar macio. Opção: coloque a cenoura no vapor por 20 minutos.

Enquanto isso, ponha o salmão em uma assadeira, regue com o suco de laranja e espalhe o queijo por cima. Cubra, deixando uma entrada de ar, e leve ao micro-ondas por cerca de 2 minutos, ou até a carne sair facilmente em flocos com um garfo. Opção: cubra com papel-alumínio e leve ao forno preaquecido a 180°C durante cerca de 20 minutos.

Desfie o peixe com um garfo, retirando com cuidado todas as espinhas. Escorra a cenoura, misture com a manteiga e o leite e bata no liquidificador com o peixe desfiado e seu molho. Para bebês mais velhos, amasse a cenoura com a manteiga e o leite e misture os flocos de peixe na cenoura amassada.

Informação interessante: peixes gordurosos como o salmão são boa fonte de ácidos graxos essenciais, importantes para desenvolver o cérebro e a visão.

7-9 MESES

RENDE 5 PORÇÕES

COZIMENTO: 15-17 MINUTOS

PODE SER CONGELADA

Os bebês adoram o sabor adocicado do milho. O problema é que a pele dos grãos pode formar grumos e ser difícil de digerir. Portanto, para bebês mais novos, é preferível passar o milho por um passador de vegetais. Para bebês mais velhos, é melhor bater a mistura de batata e depois misturá-la com os grãos inteiros de milho-verde.

Sopa do querubim

1 cebola descascada e picada
1 colher (sopa) de óleo vegetal
225 g de batata descascada e cortada em cubos
175 ml de caldo de legumes ou galinha (pp. 124-5)
50 g de milho-verde
60 ml de leite
50 g de frango cozido cortado em cubos

Refogue a cebola picada no óleo até ficar macia. Adicione a batata à panela e despeje o caldo por cima. Leve à fervura, abaixe o fogo, tampe e deixe cozinhar por cerca de 12 minutos. Junte o milho e o leite e cozinhe por mais 2-3 minutos. Passe a sopa por um passador de vegetais com o frango e depois reaqueça. Opção, para bebês mais velhos: passe a mistura de cebola e batata pelo passador de vegetais, depois acrescente os grãos de milho-verde inteiros e o frango bem picado. Junte um pouco mais de leite e caldo para transformar em sopa.

Fígado de galinha com legumes e maçã

7-9 MESES

RENDE 5 PORÇÕES

COZIMENTO: 23 MINUTOS

PODE SER CONGELADO

100 g de fígado de galinha
40 g de cebola picada
1 colher (sopa) de óleo vegetal
1 cenoura média descascada e fatiada
1 batata grande descascada e cortada em cubos
½ maçã pequena descascada e picada
250 ml de caldo de galinha (p. 125)

Limpe o fígado, retirando qualquer gordura ou cartilagem, e fatie-o. Refogue a cebola no óleo vegetal até ficar macia. Adicione o fígado fatiado e refogue por cerca de 1 minuto, ou até mudar de cor. Acrescente a cenoura, a batata e a maçã, despeje o caldo por cima e cozinhe por 20 minutos. Bata no processador de alimentos.

Informação interessante: o fígado de galinha é uma boa fonte de vitaminas e ferro. Os bebês nascem com uma reserva de ferro que dura cerca de seis meses, de modo que após esse tempo é importante assegurar que eles obtenham todo o ferro de que precisam pela dieta.

DICA

Quando os dentes começam a nascer, o bebê pode perder o apetite. Esfregar um gel de dentição na gengiva ajuda a aliviar a dor. Seu bebê também pode se acalmar mastigando algo bem frio, como um palito de pepino gelado.

7-9 MESES

RENDE 2 PORÇÕES

COZIMENTO: 28-30 MINUTOS

PODE SER CONGELADO

Como a carne escura do frango é ainda mais nutritiva que a branca e tende a ser mais úmida, é uma boa ideia às vezes usar as coxas em vez do peito.

Frango com alho-poró, cenoura e ervilha

½ colher (sopa) de óleo vegetal
50 g de alho-poró lavado e picado
1 coxa grande de frango com osso (cerca de 175 g), sem pele e sem gordura
200 g de cenoura descascada e picada
250 ml de caldo de galinha (p. 125)
50 g de ervilha congelada

Aqueça o óleo em uma panela e refogue o alho-poró por 2 minutos. Acrescente o frango e refogue por cerca de 2 minutos. Junte a cenoura e despeje o caldo por cima, leve à fervura, abaixe o fogo, tampe e cozinhe por 20 minutos. Adicione a ervilha e cozinhe sem tampa por 4-5 minutos. Retire o frango com uma escumadeira e separe a carne do osso. Bata os vegetais e a carne com tanto líquido de cozimento quanto necessário para fazer uma papinha lisa.

7-9 MESES

RENDE 8 PORÇÕES

COZIMENTO: 2H35

PODE SER CONGELADA

As carnes precisam de um cozimento brando e demorado para ficarem bem macias.

Minha primeira carne de panela

1½ colher (sopa) de óleo vegetal
1 cebola bem picada
1 dente de alho amassado
1½ colher (sopa) de farinha de trigo
300 g de carne magra para fazer na panela
400 ml de caldo de galinha (p. 125) ou água
200 g de cenoura descascada e picada
300 g de batata descascada e picada
½ talo de aipo picado
1 raminho de salsa
1 raminho de tomilho (opcional)
110 g de cogumelo paris fatiado

Preaqueça o forno a 150°C. Aqueça o óleo em uma caçarola refratária e refogue a cebola e o alho por 3 minutos. Coloque a farinha em uma tigela e passe a carne, revestindo-a completamente. Adicione a carne enfarinhada à panela e refogue até dourar por inteiro.

Despeje o caldo ou a água e mexa por 1 minuto. Acrescente as hortaliças, cubra e leve ao forno por 2 horas. Junte o cogumelo e continue assando por mais 30 minutos. Bata no liquidificador.

Carne assada com cenoura, mandioquinha e batata-doce

7-9 MESES

RENDE 5 PORÇÕES

COZIMENTO: 1H50

PODE SER CONGELADA

Essa receita é uma boa introdução à carne vermelha. Às vezes, os bebês não gostam de comer carne, pois acham muito difícil de mastigar. Nessa receita, misturei-a com raízes para dar uma consistência macia e um sabor que os bebês vão adorar.

1 colher (sopa) de azeite
75 g de cebola roxa picada
1 dente de alho amassado
150 g de carne magra para assar, cortada em pedaços
2 colheres (sopa) de farinha de trigo
150 g de cenoura descascada e fatiada
75 g de mandioquinha descascada e fatiada
250 g de batata-doce descascada e picada
1 folha de louro
1 colher (sopa) de salsa fresca picada
400 ml de caldo de galinha (p. 125)

Aqueça o azeite em uma panela de fundo grosso ou caçarola refratária pequena. Refogue a cebola e o alho por 3-4 minutos, até ficarem macios. Passe os pedaços de carne na farinha e refogue até dourar por inteiro. Junte a cenoura, a mandioquinha, a batata-doce, o louro e a salsa à panela e despeje o caldo por cima. Leve à fervura e deixe cozinhar em fogo baixo, tampado, por cerca de 1h45, ou até a carne ficar macia. Bata no liquidificador e adicione o líquido de cozimento, se necessário.

7-9 MESES

RENDE 3 PORÇÕES

COZIMENTO: 55-60 MINUTOS

PODE SER CONGELADO

A carne de cordeiro costuma fazer sucesso com os bebês mais novos, e o cordeiro misturado com a batata-doce adquire uma consistência macia e agradável.

Guisado de batata-doce e cordeiro

1 costeleta de cordeiro (cerca de 90 g), sem gordura e cortada em cubos
2 cebolinhas cortadas em fatias finas
275 g de batata-doce descascada e picada
75 g de tomate sem pele nem sementes e picado (p. 126)
uma pitada de alecrim seco ou ervas finas
125 ml de caldo de galinha (p. 125)

Preaqueça o forno a 180°C. Coloque todos os ingredientes em uma caçarola refratária pequena, cubra com uma tampa e leve ao forno por 10-15 minutos, até borbulhar. Reduza o fogo para 150°C e deixe assar por cerca de 45 minutos, ou até o cordeiro ficar macio. Bata até obter uma papinha ou pique em pedacinhos pequenos para os bebês mais velhos.

Informação interessante: o cordeiro é uma boa fonte de vitaminas do complexo B, zinco e ferro.

Müsli do bebê

A PARTIR DE 8 MESES

RENDE 1 PORÇÃO

SEM COZIMENTO

NÃO DEVE SER CONGELADO

2 colheres (sopa) de aveia em flocos finos
1 colher (sopa) de damasco seco bem picado
½ colher (sopa) de uva-passa
1 colher (sopa) de amêndoa moída
4 colheres (sopa) de suco natural de maçã, laranja ou abacaxi
½ maçã pequena descascada e ralada

Misture a aveia, o damasco, a uva-passa e a amêndoa moída na vasilha de plástico de um mixer. Despeje o suco por cima e deixe de molho por 5 minutos. Depois que amaciar, bata para dar uma consistência mais fina e acrescente a maçã ralada.

Esse café da manhã saboroso e nutritivo será uma boa maneira de começar o dia do seu bebê. Você também pode colocar outras frutas picadas, como pêssego ou banana. Não coloque a amêndoa moída se houver qualquer histórico de alergia na família.

Mingau de aveia

7-9 MESES

RENDE 1 PORÇÃO

COZIMENTO: 5 MINUTOS

NÃO DEVE SER CONGELADO

100 ml de leite
3 colheres (sopa) de aveia em flocos finos
1 banana pequena
1 colher (chá) de maple syrup ou uma pitada de açúcar mascavo

Leve o leite à fervura em uma panelinha. Acrescente a aveia e cozinhe em fogo brando até engrossar. Amasse a banana e misture no mingau com o maple syrup ou o açúcar.

Você não precisa dar ao seu filho apenas cereais especiais para bebês; basta que tenham menos de 1 g de sal. Esmigalhe uma torrada de aveia integral, por exemplo, e misture-a com 75 ml de leite e uma banana pequena amassada.

7-9 MESES

RENDE 4 PORÇÕES

COZIMENTO: 3 MINUTOS

PODE SER CONGELADO

Esse era o café da manhã favorito dos meus filhos quando eles eram bebês. Tem um sabor delicioso e é também cheio de ingredientes nutritivos.

DICA

Seu bebê pode começar a pegar a colher que você usa para alimentá-lo. Para inciá-lo nesse aprendizado, dê outra colher idêntica para ele segurar enquanto você o alimenta. Assim que ele conseguir colocar a colher na própria boca, ofereça alimentos que grudam na colher, como mingau.

Meu mingau preferido

150 ml de leite
15 g de aveia em flocos finos
6 damascos secos picados
1 pera grande madura descascada, sem miolo e picada

Coloque o leite, a aveia e o damasco picado em uma panelinha, leve à fervura e deixe cozinhar em fogo baixo, mexendo de vez em quando, por 3 minutos. Bata com a pera picada usando um mixer.

7-9 MESES

RENDE 2 PORÇÕES

COZIMENTO: 5 MINUTOS

PODE SER CONGELADA

Você também pode preparar essa receita usando figo seco macio em vez de ameixa.

Maçã, pera e ameixa com aveia

2 colheres (sopa) de aveia em flocos finos
4 colheres (sopa) de suco de maçã natural sem açúcar
2 colheres (sopa) de água
1 maçã pequena descascada, sem miolo e picada
2 ameixas secas sem caroço e picadas
1 pera madura pequena descascada, sem miolo e picada

Coloque a aveia, o suco de maçã e a água em uma panela, leve à fervura e cozinhe por 2 minutos. Junte a maçã, a ameixa e a pera, tampe e deixe borbulhar em fogo baixo por 3 minutos, mexendo de vez em quando. Bata até obter a consistência desejada.

Informação interessante: as ameixas são uma boa fonte de energia, fibras e ferro. Elas ajudam a soltar o intestino preso, pois são um laxante natural.

7-9 MESES

RENDE 2 PORÇÕES

COZIMENTO: 5 MINUTOS

NÃO DEVE SER CONGELADO

Creme de damasco e banana

Esse purê fica pronto em poucos minutos e tem um sabor delicioso.

50 g de damasco seco picado
90 ml de água fervente
1 banana pequena madura, descascada e fatiada
1 colher (sopa) de maisena

Coloque o damasco em uma panelinha, despeje metade da água e deixe ferver por 2-3 minutos. Bata o damasco e o líquido de cozimento com a banana. Coloque a maisena em uma panelinha e acrescente um pouco de água fervente para fazer uma pasta. Acrescente o restante da água fervente e mexa vigorosamente em fogo médio, até formar uma mistura homogênea e cremosa. Misture o creme de maisena com o purê de damasco e a banana.

Informação interessante: o damasco seco é um superalimento natural. O processo de secagem aumenta a concentração de betacaroteno, potássio e ferro.

7-9 MESES

RENDE 1 PORÇÃO

COZIMENTO: 3 MINUTOS

NÃO DEVE SER CONGELADA

É bom dar cerejas ao seu bebê quando elas estão na época, deliciosamente doces.

Banana e cereja

6 cerejas cortadas ao meio e sem caroço
1 colher (sopa) de água
1 banana madura e descascada
1 colher (sopa) de farinha de arroz para bebês

Coloque as cerejas em uma panelinha com a água e ferva em fogo baixo por 2 minutos. Amasse a banana, adicione à cereja cozida e deixe cozinhar por pouco menos de 1 minuto. Bata com um mixer e acrescente a farinha de arroz.

Informação interessante: as cerejas estimulam o sistema imunológico e ajudam a prevenir infecções. Elas também são boas para crianças que sofrem de prisão de ventre.

Mirtilo, banana e maçã

7-9 MESES

RENDE 3 PORÇÕES

COZIMENTO: 10 MINUTOS

NÃO DEVE SER CONGELADA

110 g de mirtilo
1 banana pequena fatiada
1 maçã pequena descascada, sem miolo e picada

Coloque todas as frutas em uma panela de fundo grosso, tampe e deixe cozinhar em fogo baixo por 5 minutos. Retire a tampa e deixe borbulhar por mais 5 minutos, ou até a maior parte do caldo evaporar.

Crumble de morango, pêssego e pera

7-9 MESES

RENDE 2 PORÇÕES

COZIMENTO: 3 MINUTOS

PODE SER CONGELADO

75 g de morango orgânico cortado em quatro
1 pêssego maduro, grande e suculento, sem pele nem caroço e cortado em pedaços (p. 126)
1 pera grande e madura, descascada, sem miolo e cortada em pedaços
1 torrada

Coloque as frutas em uma panelinha de fundo grosso, tampe e deixe borbulhar em fogo baixo por cerca de 3 minutos. Esmague a torrada (coloque-a em um saco plástico e amasse com um rolo de macarrão), depois bata as frutas com a torrada triturada.

Algumas papinhas de frutas ficam muito líquidas, mas você pode engrossá-las acrescentando um pouco de farinha de arroz, banana amassada ou torrada esfarelada – como nessa receita. Experimente também usar 2 pêssegos em vez da pera.

Autonomia crescente: 9-12 meses

Os últimos três meses antes de o bebê completar 1 ano são um período de mudanças rápidas. Depois de aprender a sentar, ele vai começar a engatinhar e talvez até a andar. Esse é um momento de autonomia crescente, sendo provável que seu bebê insista cada vez mais em se alimentar sozinho.

Ofereça alimentos que ele possa pegar com as mãos durante as refeições, para que pratique a mastigação e se sinta encorajado a se alimentar sozinho, se é que já não o faz. Dê palitos de legumes crus ou cozidos no vapor, ou frutas frescas com sua papinha de frutas preferida, para mergulhar. Veja outras sugestões na p. 63.

A dieta agora pode incluir praticamente todos os alimentos que o restante da família come, exceto sal, ovos semicrus, queijo não pasteurizado, produtos com baixo teor de gordura ou com muita fibra, castanhas inteiras e mel.

Se seu bebê está em um salto de crescimento, pode ser necessário aumentar a quantidade de comida. Certifique-se de que a dieta inclui laticínios integrais, além de frutas, legumes e alimentos ricos em nutrientes, como o Macarrão com atum e molho de tomate cremoso (p. 109) ou o Risoto de abóbora-japonesa (p. 100). Como os bebês têm o estômago pequeno, precisam ser alimentados em intervalos regulares.

Tente eliminar as mamadeiras quando seu bebê completar 1 ano de idade, a não ser, talvez, na hora de dormir. Incentive-o a beber em uma caneca ou copo – é melhor para os dentes.

9-12 MESES

RENDE 1 PORÇÃO

COZIMENTO: 2-3 MINUTOS

NÃO DEVE SER CONGELADO

Os ovos são rápidos de preparar, mas devem ser bem cozidos; não ofereça ovos crus ou pouco cozidos a bebês ou crianças pequenas devido ao risco de salmonela. Para bebês menores de 1 ano, a gema e a clara devem ser cozidas até ficarem sólidas. Se quiser, adicione um pouco de tomate picado.

Ovo mexido com queijo

2 ovos
1 colher (sopa) de leite
2 colheres (sopa) de cheddar inglês ralado na hora
15 g de manteiga sem sal

Bata os ovos com o leite e o queijo. Derreta a manteiga em uma panelinha, adicione a mistura de ovos e cozinhe em fogo brando por 2-3 minutos, mexendo sempre, até a mistura firmar.

Informação interessante: os ovos contêm proteínas, vitaminas e minerais. Além disso, a gema é uma boa fonte de ferro para o bebê.

Risoto de cenoura, queijo e tomate

9-12 MESES

RENDE 4 PORÇÕES

COZIMENTO: 20-25 MINUTOS

PODE SER CONGELADO

40 g de cebola picada
25 g de manteiga sem sal
100 g de arroz de grão longo
150 g de cenoura descascada e fatiada
300 ml de água fervente
3 tomates maduros, sem pele nem sementes e picados (p. 126)
50 g de cheddar inglês ralado na hora

Refogue a cebola em metade da manteiga até ficar macia. Junte o arroz até ficar bem revestido, depois acrescente a cenoura. Despeje água fervente por cima, leve à fervura, tampe a panela e deixe cozinhar por 15-20 minutos, até o arroz ficar cozido e a cenoura, macia. Se necessário, complete com mais água.

Enquanto isso, derreta o restante da manteiga em uma panelinha, coloque o tomate e refogue por 2-3 minutos até amolecer. Acrescente o queijo e mexa até derreter. A água do arroz deve ter sido completamente absorvida; caso isso não tenha acontecido, escorra o excesso. Junte a mistura de tomate e queijo ao arroz cozido.

Esse prato é nutritivo e muito fácil de preparar. O arroz cozido fica macio, sendo, portanto, uma boa maneira de dar consistência à alimentação do bebê. Crianças pequenas tendem a gostar de arroz e cenoura, e nessa receita ainda há o acréscimo de tomates salteados e queijo derretido, o que torna a refeição bem saborosa.

DICA
Pesquisas mostram que 1 de cada 5 bebês com idade entre 10-12 meses tem ingestão diária de ferro abaixo do nível recomendado.

9-12 MESES

RENDE 4 PORÇÕES

COZIMENTO: 24 MINUTOS

PODE SER CONGELADO

O arroz cozido com uma hortaliça é a maneira ideal de dar consistência à alimentação de seu bebê. Se não encontrar abóbora-japonesa, substitua por outra variedade, como abóbora-cheirosa ou moranga.

DICA

Quanto mais você deixar seu bebê brincar com a colher, mais rápido ele vai aprender a comer sozinho.

Risoto de abóbora-japonesa

50 g de cebola picada
25 g de manteiga sem sal
110 g de arroz basmati
450 ml de água fervente
150 g de abóbora-japonesa descascada e picada
225 g de tomate maduro, sem pele nem sementes e picado (p. 126)
50 g de cheddar inglês ralado na hora (opcional)

Refogue a cebola em metade da manteiga, até ficar macia. Adicione o arroz e mexa até ficar bem revestido. Despeje a água fervente por cima, tampe a panela e cozinhe por 8 minutos em fogo alto. Acrescente a abóbora, reduza o fogo e cozinhe, tampado, por cerca de 12 minutos, ou até a água ser absorvida.

Enquanto isso, derreta o restante da manteiga em uma panelinha, acrescente o tomate e refogue por 2-3 minutos. Adicione o queijo e mexa até desmanchar. Em seguida, junte a mistura de tomate e queijo ao arroz cozido.

9-12 MESES

RENDE 4 PORÇÕES

COZIMENTO: 12 MINUTOS

PODE SER CONGELADO

O macarrão é um alimento bastante energético. O risoni é um tipo de macarrão pequeno que parece arroz. Caso você não consiga encontrá-lo, use qualquer outro formato pequeno. Você também pode variar os vegetais, se preferir, colocando ervilha e milho-verde em vez de abobrinha e brócolis, e adicionando tomate em cubos além do queijo.

Risoto de macarrão

75 g de macarrão tipo risoni ou em outro formato pequeno
50 g de cenoura descascada e cortada em cubos
50 g de abobrinha cortada em cubos
50 g de brócolis picados
25 g de manteiga sem sal
25 g de cheddar inglês ralado na hora (opcional)

Coloque o macarrão em uma panela com a cenoura, cubra com bastante água fervente e cozinhe por 5 minutos. Adicione a abobrinha e os brócolis e continue cozinhando por cerca de 7 minutos. Derreta a manteiga em uma panela, acrescente o macarrão e os vegetais escorridos e junte o queijo, mexendo até derreter.

9-12 MESES

RENDE 2-3 PORÇÕES

COZIMENTO: 21 MINUTOS

PODE SER CONGELADO

O macarrãozinho misturado na papinha introduz a consistência de forma gradual. Esse molho saboroso também é muito nutritivo.

Macarrão de estrelinha com molho de vegetais

1 colher (sopa) de azeite
50 g de cebola picada
1 dente de alho amassado
150 g de cenoura descascada e picada
40 g de pimentão vermelho
200 g de tomate picado
200 ml de água
3 colheres (sopa) de macarrão de estrelinha
25 g de ervilha congelada
40 g de cheddar inglês ralado na hora

Aqueça o azeite em uma panela e refogue a cebola e o alho por 1 minuto. Adicione a cenoura e o pimentão e continue cozinhando por 5 minutos. Acrescente o tomate e a água. Leve à fervura, tampe e deixe cozinhar por 15 minutos.

Enquanto isso, cozinhe o macarrão seguindo as instruções da embalagem, mas sem colocar sal na água. Junte as ervilhas ao molho e deixe cozinhar por mais 5 minutos. Retire do fogo e misture com o queijo ralado até derreter. Bata até obter uma mistura consistente. Escorra o macarrão e misture no molho.

Informação interessante: os tomates são ricos em licopeno, um poderoso antioxidante que ajuda a proteger contra o câncer e doenças cardíacas.

9-12 MESES

RENDE 4 PORÇÕES

COZIMENTO: 20 MINUTOS

PODE SER CONGELADO

Purê de batata e cenoura com brócolis e queijo

300 g de batata descascada e picada
125 g de cenoura descascada e fatiada
75 g de florete de brócolis
2 colheres (sopa) de leite
15 g de manteiga sem sal
40 g de cheddar inglês ralado na hora (opcional)

Coloque a batata e a cenoura em uma panela, cubra com água fervente e cozinhe por cerca de 20 minutos, até ficarem macias. Enquanto isso, cozinhe os floretes de brócolis no vapor por 7-8 minutos, até ficarem tenros. Opção: adicione a batata e a cenoura depois de cerca de 12 minutos e cozinhe por mais 7-8 minutos. Escorra a batata e a cenoura e amasse com os brócolis, o leite, a manteiga e o queijo.

Amassar a comida do bebê em vez de bater no liquidificador é uma boa maneira de introduzir consistência aos poucos. O sabor relativamente forte dos brócolis é atenuado pelo creme de batata e queijo.

DICA

Tigelas com ventosas que grudam à bandeja do cadeirão são ótimas, pois facilitam que o bebê coloque a comida na colher sem que a tigela deslize.

9-12 MESES

RENDE 4 PORÇÕES

COZIMENTO: 24 MINUTOS

PODE SER CONGELADA

Essa é uma ótima maneira de fazer as crianças comerem hortaliças, porque elas são batidas com o molho e ficam invisíveis. Para obter uma versão mais cremosa, adicione um pouco de mascarpone (queijo italiano cremoso).

Massa com vegetais escondidos

2 colheres (sopa) de azeite
1 cebola pequena picada
1 dente de alho amassado
75 g de cenoura descascada e picada
75 g de abobrinha aparada e picada
75 g de cogumelo picado
200 g de tomate maduro, sem pele nem sementes e picado (p. 126)
15 g de manteiga sem sal
400 g de tomate picado
100 ml de caldo de legumes (p. 124)
¼ de colher (chá) de açúcar mascavo
1 colher (sopa) de folhas de manjericão frescas rasgadas
250 g de macarrão em qualquer formato
3-4 colheres (sopa) de mascarpone (opcional)

Aqueça o azeite em uma panela, adicione a cebola e o alho e refogue por cerca de 3 minutos. Acrescente a cenoura e refogue por 4-5 minutos. Faça o mesmo com a abobrinha por 2 minutos, e com o cogumelo também por 2 minutos.

Adicione o tomate fresco e a manteiga e refogue por 2 minutos. Despeje o tomate e metade de seu líquido. Por fim, adicione o caldo, o açúcar e o manjericão.

Cubra e cozinhe em fogo médio por 10 minutos e, em seguida, bata até obter um creme.

Enquanto isso, cozinhe o macarrão conforme as instruções da embalagem até ficar macio, mas não adicione sal. Misture o macarrão cozido com o molho.

9-12 MESES

RENDE 3 PORÇÕES

COZIMENTO: 10 MINUTOS

PODE SER CONGELADO

O espinafre é uma boa fonte de betacaroteno e vitamina C. Não pode ser cozido demais, pois isso destrói grande parte de suas vitaminas.

DICA

Se seu bebê está com prisão de ventre, ofereça alimentos naturalmente ricos em fibras, como ameixa, pera cozida, mamão amassado, lentilha e cereais integrais. Não dê cereais de arroz nem banana e aumente a quantidade de líquidos sempre que possível, seja na forma de leite, água ou suco diluído.

Filé de pescada com espinafre e molho de queijo

200 g de filé de pescada sem pele
15 g de manteiga sem sal
½ limão-siciliano
110 g de espinafre fresco

Coloque o peixe em um prato adequado, distribua a manteiga por cima e adicione um pouco de suco de limão. Cubra deixando uma entrada de ar e leve ao micro-ondas em potência alta por 3-4 minutos, até o filé desfiar facilmente com um garfo. Opção: escalde o peixe em 175 ml de leite com uma folha de louro e um talo de salsa por 3-4 minutos, depois coe o leite e use-o para fazer o molho de queijo.

Cozinhe o espinafre em uma panela com um pouco de água por cerca de 2 minutos, ou até murchar, depois esprema o excesso de líquido. Para fazer o molho de queijo, siga as instruções da p. 126 e acrescente uma pitada de noz-moscada ralada na hora e 175 ml de leite. Desfie o peixe cozido, pique o espinafre e misture com o molho de queijo.

Macarrão com atum e molho de tomate cremoso

9-12 MESES

RENDE 3 PORÇÕES

COZIMENTO: 12 MINUTOS

PODE SER CONGELADO

O atum em lata é tão nutritivo e versátil que o gosto por ele deve ser incentivado desde cedo.

40 g de macarrão em formato pequeno
40 g de cebola bem picada
1 dente de alho amassado
1 colher (sopa) de óleo vegetal
150 ml de polpa de tomate
200 g de atum enlatado no óleo, escorrido e partido em flocos

Cozinhe a massa de acordo com as instruções da embalagem, mas sem adicionar sal à água. Para fazer o molho de queijo, siga a receita da p. 126. Ao mesmo tempo, refogue a cebola e o alho no óleo até ficarem macios, acrescente a polpa de tomate e o atum em flocos e cozinhe por cerca de 4 minutos. Junte o molho de queijo ao atum com tomate e acrescente o macarrão cozido.

Informação interessante: o atum é uma excelente fonte de proteínas e vitaminas, especialmente D e B12. No entanto, ao contrário do atum fresco, o enlatado não contém o ácido graxo essencial ômega-3.

9-12 MESES

RENDE 3 PORÇÕES

COZIMENTO: 26 MINUTOS

PODE SER CONGELADO

Arroz cozido e macio ou macarrãozinho misturados na papinha do bebê são uma boa maneira de introduzir textura à comida.

Frango com tomate e arroz

1 colher (sopa) de azeite
50 g de cebola picada
1 dente de alho pequeno amassado
75 g de peito de frango cortado em pedaços
175 g de cenoura descascada e picada
125 g de batata descascada e picada
200 g de tomate picado
1 raminho de tomilho (opcional)
150 ml de caldo de galinha (p. 125) ou água
60 ml de suco de maçã natural
50 g de arroz cozido

Aqueça o azeite em uma panela de fundo grosso e refogue a cebola e o alho por cerca de 4 minutos, até ficarem macios, mas sem dourar. Adicione o frango e refogue por cerca de 2 minutos para selar. Junte a cenoura, a batata, o tomate e o tomilho (se for usar) e regue com o caldo ou a água, além do suco de maçã. Leve à fervura, abaixe o fogo, tampe e cozinhe por 20 minutos.

Retire o tomilho. Bata o frango, a cenoura e a batata em um liquidificador até obter a consistência desejada e misture com o arroz cozido.

Frango saboroso à bolonhesa

9-12 MESES

RENDE 2 PORÇÕES

COZIMENTO: 24 MINUTOS

PODE SER CONGELADO

Esse molho delicioso pode ser misturado a qualquer tipo de massa. Quando seu bebê ficar maior, você provavelmente não precisará mais bater o molho.

1 colher (sopa) de azeite
1 cebola pequena picada
1 dente de alho amassado
50 g de cenoura descascada e ralada
150 g carne de frango ou de peru moída
½ colher (chá) de folhas de tomilho frescas ou uma pitada de tomilho seco
150 ml de polpa de tomate
150 ml de caldo de galinha (p. 125)
25 g de espaguete

Aqueça o azeite em uma panela, adicione a cebola e o alho e refogue por 3 minutos, mexendo de vez em quando. Junte a cenoura e cozinhe por mais 3 minutos. Acrescente o frango e cozinhe, mexendo de vez em quando, por cerca de 3 minutos. Coloque o tomilho, a polpa e o caldo, leve à fervura, abaixe o fogo, tampe e deixe cozinhar por 15 minutos.

Enquanto isso, cozinhe o macarrão conforme as instruções da embalagem, mas sem adicionar sal. Escorra e pique em pedaços pequenos. Bata o molho bolonhesa com um mixer por alguns segundos para deixar a consistência mais uniforme e acrescente ao espaguete picado.

9-12 MESES

RENDE 3 PORÇÕES

COZIMENTO: 45 MINUTOS

PODE SER CONGELADO

O frango é uma boa fonte de proteína magra, além de ter consistência adequada para os bebês. A carne mais escura das coxas contém o dobro de ferro e zinco que a carne branca.

DICA
Quando o bebê passar a ter uma dieta variada, você poderá encontrar alguns alimentos inteiros nas fezes dele, como uvas-passas. Não se preocupe, isso é bastante normal.

Frango com milho-verde e arroz

2 coxas de frango sem pele (cerca de 250 g)
1 folha de louro
1 raminho de salsa
400 ml de caldo de galinha (p. 125)
15 g de manteiga sem sal
1 colher (sopa) de farinha de trigo
40 g de milho-verde cozido
75 g de arroz basmati cozido

Coloque o frango em uma panela com a folha de louro e a salsa e despeje o caldo. Leve à fervura, abaixe o fogo, tampe e cozinhe por 40 minutos ou até o frango ficar macio e cozido.

Desosse o frango e pique a carne em pedacinhos. Coe o caldo e reserve. Derreta a manteiga em uma panela, acrescente a farinha e cozinhe por 1 minuto. Acrescente o caldo aos poucos, mexendo. Leve à fervura e cozinhe por 1 minuto. Junte o milho e mantenha no fogo por mais alguns minutos. Misture o frango picado com o arroz e o caldo. Para bebês mais novos, bata a mistura no liquidificador.

Frango cremoso

1 colher (sopa) de óleo vegetal
40 g de cebola picada
2 cenouras médias descascadas e picadas
75 g de cogumelo fatiado
1 colher (sopa) de farinha de trigo
150 ml de caldo de galinha (p. 125)
4 colheres (sopa) de leite
50 g de frango cozido picado
25 g de cheddar inglês ralado na hora (opcional)

Aqueça o óleo em uma panela e refogue a cebola e a cenoura por 5 minutos, mexendo de vez em quando. Adicione o cogumelo e refogue por mais 3 minutos. Junte a farinha e cozinhe por 1 minuto. Acrescente o caldo e o leite ao poucos. Leve à fervura, abaixe o fogo e cozinhe por 5 minutos. Adicione o frango e cozinhe por mais 1 minuto. Retire do fogo e misture o queijo até derreter. Pique em pedacinhos ou bata e ofereça ao seu bebê.

9-12 MESES

RENDE 3 PORÇÕES

COZIMENTO: 17 MINUTOS

PODE SER CONGELADO

Restos de frango assado tornam esse prato nutritivo e saboroso para o bebê. Se você não tiver frango cozido, escalde metade de um peito de frango em um pouco de caldo de galinha por cerca de 6 minutos, ou até ficar cozido.

9-12 MESES

RENDE 3 PORÇÕES

COZIMENTO: 24 MINUTOS

PODE SER CONGELADO

Essa receita saborosa vai incentivar seu bebê a gostar de carne vermelha.

Meu primeiro espaguete à bolonhesa

1½ colher (sopa) de óleo vegetal
1 dente de alho amassado
40 g de cebola picada
1 cenoura média descascada e ralada
75 g de cogumelo fatiado
150 g de carne moída magra
125 ml de polpa de tomate
200 ml de caldo de galinha (p. 125)
uma pitada de açúcar mascavo
1 folha de louro
50 g de espaguete

Aqueça 1 colher (sopa) de óleo em uma panela e refogue o alho e a cebola por 2 minutos. Adicione a cenoura ralada e refogue por mais 2 minutos. Despeje o óleo restante e frite os cogumelos por cerca de 3 minutos.

Enquanto isso, refogue a carne moída em uma frigideira seca até dourar e junte ao refogado com a polpa, o caldo, o açúcar e a folha de louro. Tampe a panela e deixe cozinhar por cerca de 15 minutos. Cozinhe o macarrão de acordo com as instruções da embalagem, mas sem adicionar sal.

Bata a carne cozida com um mixer para ficar mais uniforme. Pique o espaguete em pedacinhos e misture no molho à bolonhesa.

9-12 MESES

RENDE 8 PORÇÕES

COZIMENTO: 2H05

PODE SER CONGELADA

A cebola e a cenoura dessa receita dão à carne um sabor maravilhoso, e o cozimento lento a torna muito macia.

DICA

Se seu bebê não gosta de comer carne, você precisa garantir que ele ingira uma quantidade suficiente de ferro. Portanto, inclua alimentos como lentilha, folhas verde-escuras e cereais matinais fortificados em sua dieta.

Carne assada à moda antiga

1 cebola fatiada
1½ colher (sopa) de óleo vegetal
225 g de carne de panela (acém ou alcatra) cortada em pedaços
2 cenouras descascadas e fatiadas
300 g de batata descascada e cortada em cubos
1 colher (sopa) de salsa fresca picada
450 ml de caldo de galinha (p. 125)

Preaqueça o forno a 150°C. Refogue a cebola no óleo vegetal em uma caçarola refratária, até escurecer um pouco. Acrescente a carne e refogue até dourar. Coloque a cenoura, a batata e a salsa, despeje o caldo e leve a mistura à fervura. Tampe, transfira a caçarola para o forno preaquecido e deixe por cerca de 2 horas, até a carne ficar bem macia (adicione mais caldo, se necessário). Pique em pedacinhos ou, para bebês mais novos, bata até obter uma papinha da consistência desejada.

Cordeiro ao forno

2 costeletas de cordeiro (cerca de 160 g no total)
½ cebola pequena picada
200 g de batata descascada e cortada em cubos
110 g de cenoura descascada e fatiada
2 tomates sem pele nem sementes e picados (p. 126)
125 ml de caldo de galinha (p. 125)

Preaqueça o forno a 180°C. Coloque todos os ingredientes em uma caçarola refratária pequena, tampe e leve ao forno preaquecido por cerca de 1 hora, até o cordeiro ficar macio. Pique em pedacinhos ou bata para bebês mais novos.

9-12 MESES

RENDE 4 PORÇÕES

COZIMENTO: 1 HORA

PODE SER CONGELADO

Esse cordeiro cozido no forno fica bem macio e suculento.

DICA

Quando seu bebê começar a comer sozinho, as refeições provavelmente serão mais demoradas.

9-12 MESES

2 PORÇÕES

SEM COZIMENTO

NÃO DEVE SER CONGELADO

Esse prato é uma ótima maneira de começar o dia. Sirva-o puro ou misturado com iogurte.

DICA

Nunca deixe seu bebê sozinho enquanto ele come. Às vezes, os bebês tentam engolir a comida sem mastigar e correm um risco sério de engasgar. Se isso acontecer, não tente puxar a comida do fundo da garganta, pois você pode acabar empurrando-a ainda mais. Com o bebê no seu colo, vire-o de barriga para baixo com a cabeça mais baixa que o corpo, e bata firmemente entre as escápulas (no meio das costas) para desalojar o alimento. Se o alimento for lançado na boca, retire-o com cuidado em seguida.

Müsli de frutas

50 g de aveia em flocos
15 g de germe de trigo
25 g de damasco seco picado
150 ml de suco de laranja espremido na hora
1 maçã descascada e ralada

Misture a aveia com o germe de trigo e o damasco. Despeje o suco de laranja por cima e deixe de molho por pelo menos 5 minutos. Misture a maçã ralada e bata por alguns segundos com um mixer.

9-12 MESES

RENDE 6 PORÇÕES

COZIMENTO: 2H

PODE SER CONGELADO

O segredo de um bom arroz-doce à moda antiga é um cozimento lento e demorado em fogo brando.

Arroz-doce tradicional

15 g de manteiga, mais um pouco para untar
50 g de arroz
2 colheres (sopa) de açúcar mascavo ou refinado
600 ml de leite
1 fava de baunilha ou ½ colher (chá) de extrato de baunilha

Preaqueça o forno a 150°C. Unte uma tigela refratária rasa com um pouco de manteiga. Coloque o arroz e o açúcar na tigela e regue com o leite. Divida a fava de baunilha ao meio, se for usar, e raspe as sementes para dentro da tigela, ou adicione o extrato de baunilha e distribua a manteiga em pedacinhos por cima. Leve ao forno preaquecido por cerca de 2 horas, mexendo de vez em quando. Sirva quente e misture com frutas ou alguma das opções abaixo.

Boas opções para servir com arroz-doce:

- maçã e pera cozida
- pêssego em calda
- manga picada
- geleia de morango
- melado
- compota de frutas

9-12 MESES

6 PORÇÕES

COZIMENTO: 30-35 MINUTOS

PODE SER CONGELADO

Essa é uma versão mais rápida do arroz-doce, feita na boca do fogão e não no forno.

DICA

Após completar 1 ano, se o seu filho ainda for exigente na hora de comer e aceitar apenas alguns poucos alimentos, pode ser uma boa ideia continuar a oferecer a fórmula infantil convencional em vez do leite de vaca.

Arroz-doce rápido

50 g de arroz
600 ml de leite
1-2 colheres (sopa) de açúcar
½ colher (chá) de extrato de baunilha

Coloque o arroz, o leite e o açúcar em uma panela de fundo grosso. Leve à fervura, abaixe o fogo, tampe e cozinhe por 30-35 minutos, mexendo de vez em quando. Misture com frutas ou com uma das coberturas do arroz-doce tradicional (p. 119).

9-12 MESES

RENDE 2 PORÇÕES

COZIMENTO: 7-8 MINUTOS

PODE SER CONGELADA

Esse prato é gostoso por si só, mas você pode misturá-lo com iogurte ou jogar por cima do arroz-doce.

Nectarina e morango com baunilha

2 nectarinas ou pêssegos, sem pele e picados (p. 126)
75 g de morango orgânico cortado em quatro
1 fava de baunilha

Coloque a nectarina e o morango em uma panela de fundo grosso. Divida a fava de baunilha ao meio e, com uma faca afiada, raspe as sementes e acrescente às frutas, com a fava. Tampe e cozinhe em fogo baixo por 7-8 minutos. Retire a fava de baunilha e amasse ou pique as frutas.

9-12 MESES

RENDE 1 PORÇÃO

COZIMENTO: 2 MINUTOS

NÃO DEVE SER CONGELADA

Bananas, além de serem de fácil digestão, constituem uma boa fonte de energia para o bebê.

Banana gostosa

15 g de manteiga sem sal
1 banana pequena fatiada
3 colheres (sopa) de suco de laranja espremido na hora

Derreta a manteiga em uma frigideira ou panela pequena e cozinhe a banana por 1 minuto. Despeje o suco de laranja por cima e cozinhe por mais 1 minuto. Amasse com um garfo.

Receitas básicas

Caldo de legumes

A PARTIR DE 6 MESES

RENDE 600 ML

COZIMENTO: 1H07

PODE SER CONGELADO, MAS NÃO DEVE SER RECONGELADO EM UMA PAPINHA

É melhor usar caldo caseiro ao cozinhar para um bebê, pois os caldos em cubo têm muito sal, sendo contraindicados para bebês com menos de 1 ano. Além disso, é importante usar caldo fresco, e não já congelado, ao fazer uma papinha que você pretende congelar. O caldo de legumes é muito fácil de fazer e dura na geladeira por até uma semana.

1 cebola descascada
1 dente de alho descascado
2 cenouras grandes descascadas
1 alho-poró grande
1 talo de aipo aparado
1 colher (sopa) de azeite
850 ml de água fria
1 buquê garni ou uma mistura de ervas frescas (por exemplo, ramos de tomilho, salsa, orégano e 1 folha de louro)

Pique os ingredientes grosseiramente. Aqueça o azeite em uma panela grande de fundo grosso e refogue a cebola e o alho por 2 minutos. Adicione as cenouras, o alho-poró e o aipo e deixe-os no azeite por 5 minutos, sem dourar, tampando se quiser.

Despeje a água, leve à fervura, adicione o buquê garni e reduza o fogo. Tampe e deixe cozinhar por 1 hora.

Deixe esfriar por cerca de 2 horas, depois coe com uma peneira. Esprema o caldo restante apertando os ingredientes na peneira com um amassador de batatas ou uma colher grande.

Caldo de galinha

A PARTIR DE 6 MESES

RENDE 1,8 LITRO

COZIMENTO: 1H30

PODE SER CONGELADO, MAS NÃO DEVE SER RECONGELADO EM UMA PAPINHA

Fazer caldo de galinha pode parecer trabalhoso, mas, na verdade, é muito fácil. Basta pegar uma carcaça de frango assado para servir de base para o seu caldo ou usar alguns ossos. Esse caldo dura até 3 dias na geladeira.

carcaça de um frango assado ou cerca de 900 g de ossos de frango em pedaços
3 cenouras descascadas
1 mandioquinha descascada
1 alho-poró
2 cebolas descascadas
1 talo de aipo aparado
1 ramo pequeno de salsa
1 ramo de tomilho
1 folha de louro
2 litros de água fervente

Coloque a carcaça em uma panela grande de fundo grosso. Pique os vegetais grosseiramente e adicione à panela com as ervas. Despeje a água por cima, leve à fervura e remova todas as impurezas da superfície com uma escumadeira. Deixe a tampa entreaberta e leve à fervura em fogo baixo por 1h30, ou até o líquido reduzir pela metade.

Deixe esfriar e leve à geladeira por uma noite. Retire toda a gordura endurecida da parte de cima pela manhã. Coe o líquido para obter o caldo.

Molho de queijo básico

15 g de manteiga sem sal
15 g de farinha de trigo
200 ml de leite
30 g de gruyère ralado na hora
2 colheres (sopa) de parmesão ralado na hora
2 colheres (sopa) de mascarpone

Derreta a manteiga em uma panela, acrescente a farinha para fazer uma pasta lisa e cozinhe por 1 minuto. Adicione o leite aos poucos, leve à fervura e cozinhe por alguns minutos em fogo baixo, até ficar espesso e homogêneo. Misture com os queijos ralados até derreter e acrescente o mascarpone, mexendo.

Como pelar tomate, pêssego e nectarina

Mergulhe o tomate na água fervente por 30 segundos. Transfira-o para a água fria, depois retire a pele, pique e retire as sementes.

Para pêssegos e nectarinas, faça um corte em X na base de cada fruta e mergulhe em água fervente por 1 minuto. Retire a pele, corte-as ao meio, descarte o caroço e pique a polpa.

Índice

Os números em **negrito** indicam as páginas em que o ingrediente é usado em uma receita.

Agradecimentos da autora

Quero agradecer às seguintes pessoas que me ajudaram neste livro: Sarah Lavelle, Dave King, Kate Parker, Caroline King, dra. Jane Morgan, dra. Mary Fewtrell, Dagmar Vesely, Jo Harris, Carey Smith, Katherine Hockley e toda a equipe da Smith & Gilmour. Obrigada também às mães e aos bebês que aparecem no livro: Claire e Leo Bowers, Lauren e Aaron Breslauer, Helena e Tomas Caldon, Beverley e Chase Calvert, Laura e Charlie Davies, Rosie e Maia Hallam, Daniella e Luca Pillitto e Julie e Emily Zimmerman.

Sobre a autora

Annabel Karmel é uma das mais conhecidas autoras de livros de culinária infantil, tendo escrito vários best-sellers que são vendidos no mundo inteiro. Após a perda trágica de sua primeira filha, que morreu de uma doença viral rara com apenas 3 meses, Annabel escreveu seu primeiro livro, *The complete baby and toddler meal planner*, obra muito vendida internacionalmente. Mãe de três filhos, ela é especialista em elaborar refeições saborosas e nutritivas para crianças sem que os pais precisem passar horas na cozinha. Annabel escreve com regularidade para jornais e revistas no Reino Unido e aparece com frequência no rádio e na televisão como a maior especialista britânica em questões nutricionais infantis. Para comprar outros livros de Annabel Karmel, visite www.publifolha.com.br ou seu site, www.annabelkarmel.com (em inglês).

NOTA DO EDITOR

As informações contidas neste livro não excluem a consulta a um médico. Todas as decisões de cunho médico devem ser tomadas sob a orientação de um especialista.

Apesar de todos os cuidados tomados na elaboração das receitas deste livro, os editores não se responsabilizam por erros ou omissões decorrentes da preparação dos pratos.

Pessoas com restrições alimentares, grávidas e lactantes devem consultar um médico especialista sobre os ingredientes de cada receita antes de prepará-la.

As fotos deste livro podem conter acompanhamentos ou ingredientes meramente ilustrativos.

Observações, exceto se orientado de outra forma:

- Use sempre ingredientes frescos
- O forno deve ser preaquecido na temperatura indicada na receita

Equivalência de medidas:

- 1 colher (chá) = 5 ml
- 1 colher (sopa) = 15 ml
- 1 xícara (chá) = 250 ml